Dall'avvio al successo: Lezioni apprese durante il viaggio imprenditoriale

DI

Nora Olivia

Tabella dei contenuti

introduzione

9) Avviare la tua start-up: massimizzare le tue risorse

10) Sfruttare la tecnologia: strumenti e risorse per la crescita

11) Commercializzare la tua start-up: costruire il tuo marchio e la tua base di clienti

12) Strategie di vendita: concludere affari e aumentare i ricavi

13) Scalare il tuo business: navigare tra crescita ed espansione

14) Evitare le comuni insidie imprenditoriali

15) Gestione delle tue finanze: budget, previsioni e flusso di cassa

16) Gestione efficace del tempo: dare priorità e delegare le attività

17) Equilibrio tra lavoro e vita privata: mantenere la salute e le relazioni

18) Restituire: responsabilità sociale d'impresa e filantropia

19) Prepararsi per il futuro: costruire la tua strategia di uscita

20) Lezioni apprese: riflessioni e approfondimenti da imprenditori di successo

Introduzione:

Intraprendere il tumultuoso percorso dell'imprenditorialità è come entrare in una natura selvaggia, armato solo di un bagaglio di sogni e di uno spirito immutabile. È un viaggio carico di interrogativi, un cotillion tra trionfi e fallimenti, dove la strada per il successo si snoda attraverso case inesplorate. attraverso il fallimento che illumina il cammino verso il trionfo. Unisciti a noi mentre ci aggrappiamo alle storie di streghe di coloni visionari che hanno osato sognare e hanno convertito i loro umili lanci in storie trionfanti di realizzazione. Preparati per un'avvincente odissea di manovre strategiche, cupa determinazione e incarichi inestimabili incisi nel tessuto della storia imprenditoriale. Preparati a far maturare la percettività di coloro che hanno sopportato l'esaltante corsa sulle montagne russe di trasformare i sogni in realtà. Con ogni corridore trasformato, scoprirai i segreti, gli ostacoli e i momenti di trasformazione che hanno aperto la strada al loro straordinario successo. Che tu sia un imprenditore in erba alla ricerca di sollievo o un visionario istruito alla ricerca di nuove prospettive, questo profondo viaggio di scoperta ti consentirà di andare avanti, fortificato con la saggezza acquisita da coloro che hanno percorso questo entusiasmante percorso prima di te. La strada per il successo può essere infedele, ma armata di questi inestimabili incarichi; anche tu puoi navigare nelle acque inesplorate dell'imprenditorialità e intraprendere il tuo viaggio di trasformazione. Con ogni corridore trasformato, scoprirai i segreti, gli ostacoli e i momenti di trasformazione che hanno aperto la strada al loro straordinario successo. Che tu sia un imprenditore in erba alla ricerca di sollievo o un visionario istruito alla ricerca di nuove prospettive, questo profondo viaggio di scoperta ti consentirà di andare avanti, fortificato con la saggezza acquisita da coloro che hanno percorso questo entusiasmante percorso prima di te. La strada per il successo può essere infedele, ma armata di questi inestimabili incarichi; anche tu puoi navigare nelle acque inesplorate dell'imprenditorialità e intraprendere il tuo viaggio di trasformazione. Con ogni corridore trasformato, scoprirai i segreti, gli ostacoli e i momenti di trasformazione che hanno aperto la strada al loro straordinario successo. Che tu sia un imprenditore in erba alla ricerca di sollievo o un visionario istruito alla ricerca di nuove prospettive, questo profondo viaggio di scoperta ti consentirà di andare avanti, fortificato con la saggezza acquisita da coloro che hanno percorso questo entusiasmante percorso prima di te. La strada per il successo può essere infedele, ma armata di questi inestimabili incarichi; anche tu puoi navigare nelle acque inesplorate dell'imprenditorialità e intraprendere il tuo viaggio di trasformazione. questo profondo viaggio di scoperta ti consentirà di andare avanti, fortificato con la saggezza acquisita da coloro che hanno percorso questo emozionante percorso prima di te. La strada per il successo può essere infedele, ma armata di questi inestimabili incarichi; anche tu puoi navigare nelle acque inesplorate dell'imprenditorialità e intraprendere il tuo viaggio di trasformazione. questo profondo viaggio di scoperta ti consentirà di andare avanti, fortificato con la saggezza acquisita da coloro che hanno percorso questo emozionante percorso prima di te. La strada per il successo può essere infedele, ma armata di questi inestimabili incarichi; anche tu puoi navigare nelle acque inesplorate dell'imprenditorialità e intraprendere il tuo viaggio di trasformazione.

Capitolo 1

La mentalità imprenditoriale: Costruire una base per il successo

Il percorso imprenditoriale è delicato, ma per chi è pronto a cogliere l'occasione ea impegnarsi, può essere estremamente soddisfacente. Avere l'intelligenza corretta è tanto importante per il successo imprenditoriale quanto avere una grande idea. Questo saggio discuterà il valore di avere uno spirito imprenditoriale e offrirà modi per gettare le basi per il successo.

Cos'è esattamente una mentalità imprenditoriale?
L'intelligenza imprenditoriale è un sistema di consentire che dà la priorità alla creatività, all'invenzione e all'evitare le insidie. È la capacità di individuare le possibilità e trasformarle in scommesse fruttuose. L'imprenditorialità è una mentalità che può essere acquisita e

migliorata nel tempo; non è un bene essenziale per tutti gli imprenditori.

L'intelligenza imprenditoriale mostra i seguenti tassi salienti

Gli imprenditori sono adatti a trasmettere le loro idee agli altri e hanno un'idea chiara di ciò che vogliono negoziare.

Creatività Gli imprenditori possono risolvere i problemi in modo creativo e fuori dagli schemi.

Adattabilità avviare un'impresa non è un viaggio facile; quindi gli imprenditori devono avere la capacità di andare avanti quando gli effetti si fanno duri.

Gli imprenditori sono pronti a prendere le insidie consigliate per realizzare le loro pretese.

Intraprendenza Gli imprenditori possono ottenere il massimo dai loro fondi e trovare soluzioni creative ai problemi.

Gli imprenditori sono adattabili e possono adattare i loro piani a seconda della situazione.

Perché è importante una mentalità imprenditoriale?

Per una serie di motivi, avere una mentalità imprenditoriale è essenziale. Gli imprenditori potrebbero usarlo per identificare originariamente le aperture che altri potrebbero trascurare. Essendo creativi e fantasiosi, gli imprenditori possono produrre idee imprenditoriali uniche che hanno la possibilità di avere un grande successo.

Inoltre, avere una stazione imprenditoriale incoraggia gli imprenditori a persistere di fronte alle difficoltà. Ci saranno ostacoli e fallimenti durante l'avvio di un'impresa. Gli uomini d'affari con forti inclinazioni sono adatti a riprendersi da questi errori e proseguire con i loro progressi.

Alla fine, la capacità di affrontare le insidie misurate è un vantaggio di avere una stazione imprenditoriale. La minaccia è sempre presente quando si avvia un'impresa, ma coloro che possono stimare e controllare le minacce hanno una possibilità avanzata di successo.

Come sviluppare una mentalità imprenditoriale

Dopo aver stabilito il significato dell'intelligenza imprenditoriale, diamo un'occhiata ad alcuni stili per coltivarla.

Produci una visione chiara Creare una visione chiara delle tue pretese è il primo passo nello sviluppo di una stazione imprenditoriale. Questa visione deve essere chiara, quantificabile e realizzabile. Dovresti mettere la tua visione scritta ovunque tu possa vederla ogni giorno.

Essere disposti a imparare Gli uomini d'affari di successo imparano e si sviluppano costantemente. Cercano faticosamente aperture per imparare dagli altri e non sono isterici nell'ammettere la loro ignoranza. Vieni dedicato all'alfabetizzazione per tutta la vita e cerca istruttori e altri uomini d'affari di successo che possano offrire consigli e sostegno.

Accettare il fallimento La strada imprenditoriale comporta inevitabilmente il fallimento. Gli imprenditori con una prospettiva positiva vedono il fallimento come un'opportunità per imparare e progredire piuttosto che lasciarsi scoraggiare. Quando fallisci, fermati e supponi cosa è andato storto e cosa puoi fare altrimenti la prossima volta.

Affronta insidie ragionevoli Gli uomini d'affari di successo non corrono rischi imprudenti. Prima di agire, stimano i possibili prezzi e i rischi impliciti di una scelta. Chiediti quali sono i potenziali vantaggi e svantaggi di una minaccia prima di farlo. Potrebbe valere la pena accettare la minaccia se i possibili prezzi superano le insidie.

Mantieni una posizione positiva Lo sviluppo dell'intelligenza imprenditoriale richiede una posizione positiva.
Compass, Network e Unite Gli uomini d'affari di successo temono il valore di stabilire connessioni con gli altri. Cercano possibilità di connettersi e lavorare insieme ad altri titolari di attività, finanziatori e istruttori. Condividi in conferenze ed eventi di networking, nonché gruppi online in cui potresti incontrare altri che condividono i tuoi interessi.
Mantieni la tua attenzione Disciplina e attenzione sono necessarie per fare affari di successo. Rimani concentrato sui tuoi oggetti e tieni a bada le distrazioni. Assicurati di ritenerti responsabile del raggiungimento dei tuoi obiettivi diurni, giornalieri e annuali impostandoli.
Sii intraprendente Gli imprenditori di successo sono adatti a massimizzare le loro casse disponibili. Ciò richiede invenzione e risultati per problemi con casse scarse. Cerca soluzioni convenienti per i problemi e non essere imbarazzato nel chiedere supporto quando lo sopporti.

Accetta il cambiamento La strada imprenditoriale è piena di divergenze e gli uomini d'affari prosperi sono adatti ad acclimatarsi a condizioni mutevoli. Sii flessibile e preparati a riorientare la tua azienda se necessario.

Alla fine, è fondamentale festeggiare e apprezzare i tuoi risultati. Costruire una grande compagnia è un viaggio, quindi è fondamentale prendersi il tempo per celebrare i propri successi e gioire del proprio avanzamento.

In conclusione, lo sviluppo di un business efficace richiede una postazione imprenditoriale. Gli imprenditori possono gettare solide basi per il successo avendo una visione chiara, essendo aperti all'alfabetizzazione, abbracciando il fallimento, cogliendo possibilità misurate, rimanendo di buon auspicio, facendo rete e collaborando, mantenendosi concentrati, essendo intraprendenti, abbracciando il cambiamento e godendosi il successo. Tieni presente che avere una stazione imprenditoriale è un dono che può essere acquisito nel tempo; non è una merce con cui sei nato. Chiunque può avere successo come imprenditore con impegno, problemi e una posizione solida.

capitolo 2

Identificazione di un'idea imprenditoriale vincente

Riuscire a concepire un'azienda di successo è uno degli aspetti fondamentali dell'avvio di un'impresa. Ma potrebbe essere estenuante sapere da dove cominciare con la cornucopia di druthers

e guai. Esamineremo alcune idee e tattiche in questo post per creare una concezione aziendale che abbia il potenziale per avere successo.

Inizia con i tuoi interessi e le tue corde del cuore Iniziare con i tuoi interessi e le tue corde del cuore è uno dei modi migliori per trovare la concezione di un'azienda di successo. Considera come puoi creare un'azienda di successo partendo da ciò che vuoi fare nel tuo tempo libero. Ad esempio, se adori la cucina, puoi creare un food truck o un'azienda di mangimi.

Rompere un problema. Le imprese di successo iniziano costantemente con una sfida che deve essere vinta. Considera le difficoltà e le delusioni a cui assisti nella tua vita e come puoi sviluppare un bene o un servizio che affronti tali problemi. Ad esempio, potresti aprire un'impresa di pulizie se fai fatica a tenere in ordine la tua casa.

La richiesta di esplorazione è fondamentale dopo che hai in mente un concetto per determinare se c'è bisogno del tuo prodotto o servizio. Guarda le aziende nel tuo campo che sono simili al tuo e nota cosa stanno facendo bene e eventuali buchi impliciti che potresti affrontare.

Determina la tua richiesta target sapendo che la tua richiesta target è essenziale per elaborare un concetto aziendale di successo. Immagina chi è il tuo cliente ideale, quali sono le sue condizioni e i suoi desideri e come il tuo prodotto o servizio può soddisfare tali richieste.

Esaminare la concorrenza è fondamentale considerare la concorrenza quando si sceglie un piano aziendale di successo. Esamina cosa stanno facendo bene i tuoi rivali e tutte le aree in cui potresti essere in grado di distinguerti in modo frammentario. Supponiamo di poter dare una merce diversa o superiore a quella che era stata consegnata in precedenza.

Quando si sceglie un concetto aziendale di successo, tenere conto delle finanze perché l'avvio di un'impresa comporta un impegno fiscale. Considera gli oneri associati alla mattina e al mantenimento della tua struttura, nonché la quantità di plutocrate che potresti ben prevedere di portare.

Metti alla prova la tua concezione è fondamentale testare la concezione della tua azienda prima di dedicarvi molto tempo e risorse. Per determinare se c'è domanda per il tuo prodotto o servizio, supponi di iniziare con un'operazione su piccola scala. Ciò può includere lo sviluppo di un prototipo o la fornitura dei tuoi servizi a moschettieri e parenti stretti.

Ottenere opinioni è essenziale per migliorare e potenziare la concezione della tua azienda. Chiedi input a potenziali consumatori, professionisti del settore e altri imprenditori. Prendi in considerazione l'idea di iscriverti a un programma di accelerazione o incubatore aziendale in cui puoi ricevere consigli e indicazioni da istruttori esperti.

Alla fine, è fondamentale mantenere l'inflessibilità mentre si sceglie la concezione di un'azienda di successo. Preparati a cambiare rotta, se necessario, man mano che la richiesta e le esigenze dei tuoi ospiti si evolvono. Rimani flessibile e pronto a cambiare se necessario.

In conclusione, la scelta di un concetto aziendale di successo richiede uno studio e un'indagine significativi. Puoi produrre un'idea imprenditoriale che abbia il potenziale per avere successo partendo dai tuoi sentimenti e dai tuoi interessi, lavorando su un problema, sondando la richiesta, relazionandoti con il tuo cliente target, valutando la concorrenza, tenendo conto dei dati finanziari, testando la tua idea, ottenere feedback e rimanere adattabili. Tieni presente che la creazione di un'impresa è un viaggio e il raggiungimento di un'idea di business redditizia è solo il primo passo. Puoi trasformare la tua idea in un business di successo con perseveranza, impegno e un po' di fortuna.

Usa un'analisi geek per stimare i vantaggi, gli svantaggi, le aperture e le insidie associate ai servizi offerti dalla tua azienda. Prendi in considerazione sia le variabili interne che puoi controllare, come le tue capacità e le tue casse, sia le variabili esterne che potrebbero avere un'influenza sulla tua azienda, inclusi i trend della domanda e la concorrenza.
Supponiamo che riguardo alla scalabilità sia fondamentale tenere conto della scalabilità quando si sceglie un concetto aziendale di successo. Supponiamo che la concezione della tua azienda possa essere applicata in modo più astronomico e se possa avere successo a lungo termine.
Considera la tua proposta di vendita unica (USP) La tua azienda si distingue dalla concorrenza grazie alla tua USP. Considera il punto di vendita unico dei tuoi prodotti o servizi e come potresti spiegarlo al tuo pubblico di destinazione.
È fondamentale tenere conto dei tuoi punti di forza e di debolezza perché avviare un'impresa richiede molto sforzo e impegno.

Considera le tue capacità ed esperienza, così come tutte le aree in cui potresti aver bisogno di sviluppare o immatricolarti con un sostegno esterno.

Cerca le tendenze dell'assiduità Per riuscire a concepire un'azienda di successo è necessario essere aggiornati sulle tendenze del settore. Tieni d'occhio le nuove tendenze nel tuo settore e pensa a come la concezione della tua azienda potrebbe trarne vantaggio.

Supponiamo che nel momento in cui si avvia un'impresa, il tempismo sia fondamentale. Supponi se la richiesta è pronta per il concepimento della tua azienda e se è tempestiva e applicabile. Ad esempio, se stai pensando di avviare un'attività nel settore tecnologico, chiedi se la struttura e la tecnologia sono già in atto per supportare la tua idea imprenditoriale.

Tenere conto delle condizioni legali e non di vigilanza Il rispetto delle normative legali e non di vigilanza è necessario per avviare uno stabilimento. Mentre stimi come ti comporterai male con loro, assicurati di essere preoccupato per le norme legali e non di vigilanza che si applicano al tuo tipo di attività e settore.

Produci un plotone solido Un'azienda di successo ha bisogno di uno staff solido. Immagina le persone di cui avrai bisogno nel tuo plotone e come trattenere e mantenere i lavoratori alla moda mentre lavori per realizzare la concezione della tua azienda.

Supponiamo che sulla posizione il successo del tuo stabilimento possa essere fortemente influenzato dalla sua posizione. Supponi gli aspetti pratici di operare in quel luogo e se la tua idea di azienda è più adatta per quella posizione.

Produrre una strategia di marketing Per attrarre e mantenere i consumatori, il marketing è essenziale. Produci una strategia di marketing che spieghi come connetterti con il tuo pubblico di destinazione, condividere il tuo USP e aumentare il riconoscimento del marchio.

Sii entusiasta e paziente La possibilità di concepire un'azienda di successo richiede passione e pazienza. Assicurati di essere sinceramente entusiasta del tuo concepimento e pronto a dedicare tempo e fatica per renderlo un successo prima di avviare un'impresa.

In conclusione, il raggiungimento di una concezione aziendale di successo richiede una combinazione di indagine, valutazione e invenzione. Puoi produrre una concezione aziendale che ha la capacità implicita di avere successo tenendo conto delle tue corde del cuore e dei tuoi interessi, affrontando un problema, studiando la richiesta, valutando la concorrenza, tenendo conto dei dati finanziari, testando la tua idea, inserendo feedback ed essendo adattabile.

Non dimenticare di prendere in considerazione nuovi rudimenti, tra cui scalabilità, tendenze delle richieste, requisiti legali e non di supervisione, posizione e conformazione del plotone. Puoi trasformare la concezione della tua azienda in un'attività redditizia se hai solide basi e un forte senso dello scopo.

capitolo 3

Condurre ricerche di mercato: Comprendere il cliente e la concorrenza

Quando si avvia un'attività, l'esplorazione delle richieste è fondamentale per comprendere il pubblico di destinazione e la concorrenza. La richiesta di esplorazione può fornirti dati didattici che possono aiutarti a formarti opinioni sulla tua attività, come la relazione sulle aperture, lo sviluppo di strategie di marketing efficaci e il mantenimento della competitività nei tuoi sforzi.

In questa composizione, esamineremo il significato dell'esplorazione delle richieste e il modo per comprendere i tuoi rivali e le richieste target.

Perché è importante la ricerca di mercato?

L'esplorazione della richiesta fornisce informazioni utili sui requisiti e sulle abitudini della tua richiesta target.

Potrebbe aiutarti a sviluppare strategie di marketing efficaci, mantenere la tua posizione di leader del settore e cercare modi per migliorare i tuoi prodotti o servizi.

Allo stesso modo, l'esplorazione delle richieste può aiutarti a individuare le insidie e le sfide implicite, come il cambiamento delle preferenze dei clienti o le tendenze dell'assiduità, e produrre piani visionari per affrontarle.

Inoltre, l'esplorazione delle richieste può aiutarti a decidere per la tua attività su questioni come il prezzo, le caratteristiche del prodotto e i canali di marketing basati sui dati e in modo percettivo piuttosto che aziendale o ipotetico.

Modi per condurre ricerche di mercato
Determina i tuoi obiettivi di esplorazione
Prima di condurre qualsiasi esplorazione richiesta; è importante definire i tuoi oggetti di studio. Scegli le informazioni che desideri raccogliere, ad esempio dati demografici, preferenze del cliente e ottieni modelli o escrescenze e punti di forza degli sfidanti.

Scegli la tua richiesta di destinazione
Seleziona il gruppo di ospiti che hanno maggiori probabilità di acquistare i tuoi

prodotti o servizi. Questo potrebbe aiutarti a concentrarti sulle tue domande di studio e ottenere dati applicabili.

Scegli i modi di esplorazione in cui puoi utilizzare una gamma di stili di esplorazione, come controlli, focus group ed esplorazione secondaria, per scoprire di più sulla tua richiesta target e sui rivali. Scegli le strategie che si adattano con stile ai tuoi obiettivi di studio e alle restrizioni popolari.

Produci un sondaggio o un questionario Per aiutarti a ottenere i dati di cui hai bisogno, produci una serie di domande da utilizzare nei controlli o nei questionari. Prendi in considerazione l'idea di esplorare i dati demografici, le preferenze, le azioni e le situazioni di soddisfazione dei tuoi ospiti.

Quando hai finito di creare il tuo assegno o questionario, è il momento di iniziare lo studio. Per fare ciò, puoi contattare gli ospiti tramite social media o spedizione, ospitare focus group o raccogliere dati da fonti secondarie.

Analizza i dati Dopo aver acquisito le tue informazioni, controllale per trovare modelli, tendenze e nuove informazioni. Cerca temi o schemi ripetuti che potrebbero avere un impatto sulle opinioni espresse dalla tua azienda.

Trai conclusioni e agisci Applica le informazioni che hai appreso dalla tua richiesta di esplorazione per trarre conclusioni e agire per conto della tua attività. Considera come puoi migliorare i tuoi prodotti o servizi, migliorare le tue strategie di marketing o mantenere la tua posizione di leader di affinità.

Capire il tuo cliente

Quando conduci l'esplorazione delle richieste, è essenziale comprendere il tuo target di follower. Ciò include i dati demografici, le preferenze, le azioni e le opinioni sui tuoi prodotti o servizi.

Dati demografici Comprendere le caratteristiche della tua richiesta target potrebbe aiutarti a sviluppare prodotti e servizi che soddisfino le loro esigenze e preferenze. Considera fattori come età, sesso, reddito, posizione scolastica e terreno.

Potresti essere in grado di sviluppare prodotti o servizi particolarmente adatti alle esigenze dei clienti comprendendo le loro preferenze. Considera fattori come attributi del prodotto, prezzo e confezione.

Comprendere l'acquisizione del cliente può aiutarti a identificare le opportunità per migliorare i tuoi prodotti o servizi o sviluppare strategie di marketing efficaci. Considera le generalità come le tendenze di acquisto, i processi decisionali e la fedeltà al marchio.

Potresti essere in grado di identificare le aree in cui puoi aggiornare o migliorare i tuoi prodotti o servizi comprendendo cosa ne pensano gli ospiti. Considera fattori come il feedback dei consumatori, le recensioni e le osservazioni sulla soddisfazione.

Comprendere la concorrenza

Importante quanto sapere che il tuo pubblico di destinazione conosce la tua concorrenza. Questo copre effetti come la quota delle richieste, le strategie di marketing e i punti di forza e di debolezza.

Punti di forza e peccati Confrontare i vantaggi e gli svantaggi dei tuoi rivali potrebbe aiutarti a trovare idee innovative per distinguerti dalla concorrenza o migliorare i tuoi prodotti e servizi.

Richiedi condivisione Comprendere la parte della richiesta che i tuoi rivali detengono ora ti aiuterà a valutare la tua capacità di competere. Potresti scoprire di più sulla condivisione delle richieste dei tuoi rivali utilizzando fonti secondarie come studi di affinità o richieste di imprese di esplorazione.

Puoi identificare le aree di miglioramento o i modi per distinguerti nei tuoi sforzi di marketing essendo preoccupato per come i tuoi concorrenti promuovono. Considera il condizionamento finalizzato all'interazione con i consumatori, le strategie di prezzo e i mezzi pubblicitari. Insieme a questi fattori, è importante considerare le dinamiche e le tendenze delle richieste più ampie perché potrebbero avere un impatto sulla tua associazione. La richiesta potrebbe essere stata più competitiva, le preferenze dei consumatori sono cambiate o la tecnologia si è evoluta.

Vantaggi dell'esplorazione delle richieste

I seguenti vantaggi derivanti dall'esecuzione dell'esplorazione delle richieste per la tua azienda possono essere menzionati possibilità di possibilità L'esplorazione delle richieste può aiutarti a cogliere le possibilità di fare nuove richieste, migliorare l'essere beni o servizi o migliorare l'essere ossa Fare piani di marketing efficaci Sondando le condizioni e le preferenze del tuo target di riferimento, puoi produrre strategie di marketing efficaci.

Mantenere la competitività:L'esplorazione delle richieste può aiutarti a mantenere un vantaggio competitivo nella tua assiduità mettendo in relazione l'alterazione delle tendenze delle richieste, i vantaggi e gli svantaggi degli sfidanti e le nuove insidie.

Rendere opinioni informate una richiesta di esplorazione può aiutarti a decidere i prezzi, le caratteristiche del prodotto e le tattiche di marketing della tua azienda senza dover calcolare su ipotesi o supposizioni plausibili.

Conclusione

Un business di successo inizia con una richiesta di esplorazione e cresce da lì. Fornisce dati completi su preferenze, abitudini, vantaggi competitivi e svantaggi della tua richiesta target.

Esplorando le richieste, puoi scoprire stili per migliorare i tuoi prodotti o servizi, sviluppare strategie di marketing efficaci e mantenere un vantaggio competitivo nel tuo impegno. Inoltre, potrebbe aiutarti a formare opinioni sulla tua attività fondate su dati e in modo percettivo piuttosto che ipotetico o supposizioni informate.

capitolo 4

Creazione di un piano aziendale: tracciare la rotta verso il successo

Per ogni imprenditore che intende avviare una nuova azienda o farne crescere una esistente, un business plan è uno strumento essenziale. Funge da road map per il futuro della tua azienda, definendo i tuoi obiettivi e suggerendo approcci per il successo. I fattori essenziali di un buon piano aziendale saranno discussi in questa composizione, insieme a suggerimenti su come scriverne uno.

Perché un piano aziendale è importante
Una strategia aziendale è necessaria per diversi motivi, simili come
Definire la concezione della tua azienda
La tua concezione aziendale, inclusi i tuoi prodotti o servizi, il mercato di riferimento e il vantaggio competitivo,

può essere definita in modo più preciso con l'uso di un piano aziendale.

Stabilire pretese e oggetti Un piano aziendale aiuta nella creazione di obiettivi e obiettivi raggiungibili e quantificabili per la tua azienda che possono fungere da indicatori di successo.

Correlazione dei possibili problemi Un business plan consente di identificare i problemi e i pericoli impliciti che la tua azienda potrebbe incontrare e di stabilire strategie di mitigazione.

Dando loro un'idea chiara della concezione della tua attività, delle stime fiscali e delle eventualità di sviluppo, un piano aziendale ben scritto può aiutarti ad attrarre possibili investitori o finanziatori.

La responsabilità è promossa e la tua azienda è tenuta in carreggiata con l'aiuto di un piano aziendale, che offre una cornice per monitorare e valutare i tuoi progressi verso le tue pretese e obiettivi.

Rudimenti che compongono un business plan

I seguenti fattori essenziali dovrebbero essere presenti in un business plan

un breve riassunto La tua idea di business, la richiesta di target, il vantaggio competitivo, le previsioni fiscali e l'eventualità di crescita dovrebbero essere riassunti in modo compatto in questa sezione.

Descrizione dell'attività In quest'area, dovresti fornire una spiegazione più approfondita della concezione della tua attività, compresi i dettagli o i servizi che desideri offrire, il tuo pubblico di destinazione, il tuo vantaggio competitivo e la tua eventualità di espansione.

Analisi della richiesta In quest'area, è necessario analizzare i dati demografici della richiesta target, nonché le dimensioni, le tendenze e la posizione della richiesta nel mercato.

Prezzi, pubblicità e distribuzione dovrebbero essere tutti inclusi nella parte del marketing e delle tattiche di trattativa del tuo saggio.

Funzionamento e organizzazione In quest'area, dovresti descrivere la struttura operativa della tua azienda, compresi i suoi principali attori e le loro mansioni.

Pronostici fiscali In questa parte dovrebbe essere inclusa un'analisi del punto di pareggio, un riepilogo delle condizioni di copertura e pronostici fiscali, simili a dichiarazioni di reddito, bilanci e dichiarazioni di afflusso di cassa.

supplementi Questa parte dovrebbe contenere tutti i nuovi dettagli che sono rilevanti per i tuoi piani aziendali, come importanti curricula della forza lavoro, descrizioni dei tuoi prodotti o servizi o statistiche dalla tua richiesta di esplorazione.

Come Scrivere un Business Plan

Anche se scrivere un business plan può essere delicato e richiedere molto tempo, è fondamentale per il successo della tua impresa. Quindi è necessaria una condotta necessaria per condurre ricerche di mercato Comprendere la tua richiesta target, individuare potenziali rivali, e creare piani di marketing vincenti dipendono tutti dall'esplorazione della richiesta. Per saperne di più sulla tua richiesta, utilizza una serie di metodi, inclusi controlli, focus group e fonti secondarie.

Definisci la tua concezione aziendale, inclusi i tuoi prodotti o servizi, la richiesta target e il vantaggio competitivo, sulla base dell'esplorazione della tua richiesta.

Stabilisci pretese e oggetti Sfrutta la tua concezione aziendale mentre stabilisci pretese e oggetti ragionevoli e quantificabili per la tua azienda. Questi devono contenere oggetti sia a breve che a lungo termine.

Produrre strategie e tattiche produrre strategie e tattiche per aiutarti a raggiungere le tue pretese e obiettivi. Questi devono comprendere piani fiscali, strategie funzionali e strategie di marketing e affari.

Produrre previsioni fiscali fare previsioni fiscali, simile a dichiarazioni dei redditi, sprechi di bilancio, e dichiarazioni di afflusso di cassa, utilizzando i tuoi piani e modi.

Dopo aver completato i suddetti processi, sviluppa il tuo business plan aggrappandoti ai fattori essenziali sopra descritti.

Il tuo piano aziendale dovrebbe essere rivisto e semplificato.

La tua strategia aziendale non è una cosa una tantum che scrivi e ignori. Dovrebbe essere periodicamente rivisto e semplificato perché è un documento vivo e deve rimanere aggiornato. I consigli che ne derivano possono aiutarti a esaminare e modernizzare la pianificazione del tuo piano aziendale. Decidi quando stimerai e modernizzerai la tua strategia aziendale. A seconda delle esigenze della tua struttura, ciò potrebbe avvenire periodicamente, semestralmente o annualmente.

Valuta i progressi Usa la tua strategia aziendale come compagno per valutare quanto stai andando bene nel raggiungere i tuoi obiettivi. Stai riuscendo nelle tue pretese? Perché no, se no? Usa questa conoscenza per modificare la tua strategia e le tue tattiche, se necessario.

Rimani aggiornato Mantieni aggiornato il tuo piano aziendale con le più recenti richieste dei consumatori, le tendenze delle richieste e i progressi dell'assiduità. Questo ti aiuterà a stare un passo avanti rispetto alla concorrenza e a scoprire nuove prospettive di sviluppo.

Richiedi input sulla tua strategia aziendale a consulenti affidabili, simili a istruttori, colleghi o formatori aziendali. Questo può darti informazioni percettive e mostrarti dove hai punti senza occhi o spazio per il miglioramento.

Usa il tuo piano aziendale come strumento di marketing Soprattutto quando cerchi capitali o collegamenti, il tuo piano aziendale può essere un potente strumento di marketing. Usalo per dimostrare a potenziali investitori o colleghi di lavoro la concezione della tua azienda, le vaccinazioni fiscali e le prospettive di crescita.

Conclusione

Un passo fondamentale nell'avvio o nella crescita di un'impresa è lo sviluppo di una strategia aziendale. Agisce come una carta stradale per il futuro della tua azienda e aiuta nella spiegazione del concetto, nell'impostazione delle cose e nello sviluppo di piani e tattiche per il successo. Puoi stabilire un piano aziendale completo che ti aiuterà a percorrere la tua strada verso il successo eseguendo l'esplorazione delle richieste, definendo la tua concezione aziendale, stabilendo pretese e obiettivi, formulando strategie e tattiche e producendo previsioni fiscali. Per mantenere il tuo piano aziendale aggiornato e applicabile, non dimenticare di rivederlo e modificarlo costantemente.

Capitolo 5

Trovare finanziamenti: Strategie per finanziare la tua start-up

Avviare una nuova attività può essere un'iniziativa e un viaggio estenuante. Una delle maggiori sfide affrontate dagli imprenditori è riuscire a ottenere il sostegno richiesto per avviare e far crescere il proprio lancio. In questa composizione, esploreremo alcune strategie per finanziare il tuo lancio.

Risparmi personali Uno dei modi più semplici per finanziare un lancio è utilizzare i tuoi risparmi particolari. Ciò ti consente di evitare di indebitarti o di rinunciare al capitale della tua attività. Tuttavia, considera di svolgere un lavoro secondario o di ridurre le tue spese per liberare più finanze per il tuo lancio, se non disponi di risparmi particolari sufficienti.

Moschettieri e famiglia Un'altra opzione è cercare il sostegno dei moschettieri e della famiglia. Questa può essere una buona opzione se disponi di una rete di individui probatori disposti a investire nella tua attività. Tuttavia, è importante affrontare questo individualismo in modo professionale e avere accordi chiari in atto per evitare conflitti impliciti lungo la strada.

Il crowdfunding è diventato un modo popolare per gli imprenditori di raccogliere fondi per i loro lanci. Ciò comporta la creazione di una crociata su una piattaforma di crowdfunding, simile a Kick-starter o Indiegogo, e l'offerta di impulsi per individuare chi contribuisce alla tua crociata. È importante avere una crociata ben strutturata con una comunicazione chiara e una proposta di valore per attrarre investitori impliciti.

Gli Angel Investor sono individui grassi che investono in lanci in cambio di azioni o quote dei guadagni dell'azienda. Generalmente investono quantità inferiori rispetto ai plutocrati dell'avventura e possono fornire tutoraggio o guida al lancio. Per attrarre angel investor, dovrai avere una concezione aziendale avvincente, un solido piano aziendale e un forte plotone.

I plutocrati di venture capital sono investitori professionisti che danno sostegno a start-up con possibilità di crescita elevata. Generalmente investono quantità maggiori rispetto agli angel investor e possono detenere una partecipazione azionaria maggiore nella società. Per attrarre plutocrati avventurosi, dovrai avere una solida esperienza, un modello di business collaudato e un piano chiaro per estendere la tua attività.

Prestiti per la Small Business Administration (SBA) la SBA fornisce prestiti alle piccole imprese per aiutarle ad avviare e far crescere la loro attività. Questi prestiti hanno generalmente tassi di interesse più bassi e condizioni più favorevoli rispetto ai prestiti tradizionali, rendendoli un'opzione allettante per gli imprenditori. Per qualificarti per un prestito SBA, dovrai disporre di un solido piano aziendale, un solido punteggio di credito e garanzie per garantire il prestito.

Sovvenzioni Ci sono una varietà di sovvenzioni a disposizione degli imprenditori da agenzie governative, on-profit e associazioni private. Queste sovvenzioni possono dare sostegno senza la necessità di rinunciare all'equità nella tua attività. Tuttavia, il processo operativo può essere competitivo e richiedere molto tempo.

Conclusione

Sostenere il tuo lancio può essere un compito estenuante, ma ci sono una varietà di opzioni disponibili per gli imprenditori. Esercitando risparmi particolari, cercando il sostegno di moschettieri e familiari, crowdfunding, attirando angel investor o plutocrati avventurosi, richiedendo prestiti SBA o sovvenzioni, gli imprenditori possono finanziare i loro lanci e dare vita alle loro idee imprenditoriali.

È importante scegliere la giusta strategia di supporto per la tua attività e disporre di un piano aziendale ben redatto, un plotone forte e un solido track record per attrarre investitori o finanziatori.

Quando si tratta di cambiare il supporto per il tuo lancio, è importante comprendere i pro ei contro di ciascuna opzione di supporto. Risparmi e sostegno particolari da parte dei moschettieri e della famiglia possono essere abbastanza facili da ottenere, ma significa anche che potresti avere finanze limitate con cui lavorare. Il crowdfunding può essere un buon modo per aumentare rapidamente le finanze, ma può anche essere ampiamente competitivo e richiedere molti problemi per produrre una crociata di successo.

Gli investitori angelici e i plutocrati dell'avventura possono fornire un sostegno significativo, ma anticiperanno anche un elevato ritorno sul loro investimento e potrebbero detenere una grande partecipazione azionaria nella tua azienda. È importante considerare con precisione se questa è la strada giusta per la tua attività ed essere pronto a rinunciare a un certo controllo sulla tua azienda.

I prestiti SBA possono essere un'opzione allettante per le piccole imprese, ma hanno anche un solido piano aziendale, una solida storia creditizia e garanzie per garantire il prestito. Richiedere sovvenzioni può essere un buon modo per ottenere sostegno senza rinunciare all'equità, ma può anche essere un processo ampiamente competitivo con molte scartoffie e burocrazia.

Oltre a comprendere i pro ei contro di ciascuna opzione di supporto, è anche importante considerare l'impatto del supporto sulla tua attività. Ad esempio, l'assunzione di debiti può esercitare pressioni sulla tua attività per indurre profitti in modo rapido, mentre rinunciare all'equità può significare rinunciare al controllo su importanti opinioni aziendali.

Quando crei un piano aziendale, è importante avere una chiara comprensione delle tue esigenze di supporto e sviluppare una strategia di supporto che sia in linea con le tue ambizioni aziendali. Ciò può comportare una combinazione di fonti di supporto, simili a risparmi particolari, investimenti angelici e sovvenzioni.

È anche importante essere realistici riguardo alle tue esigenze di supporto e disporre di un piano di emergenza nel caso in cui gli effetti non vadano come previsto. Ciò può comportare il collegamento di altre fonti implicite di garanzia, come carte di credito o prestiti particolari, o lo sviluppo di strategie per ridurre i costi e migliorare la redditività.

In conclusione, la possibilità di sostenere il tuo lancio è un passo importante per dare vita alla tua idea di business. Comprendendo i pro e i contro di ciascuna opzione di supporto, sviluppando un solido piano aziendale e avendo una chiara comprensione delle tue esigenze e pretese di supporto, puoi produrre una strategia di supporto che si allinei con la tua attività e ti prepari al successo.

Capitolo 6

Considerazioni legali: navigazione in contratti, brevetti e marchi

È fondamentale prendere in considerazione le questioni legali quando si avvia un'impresa o ci si impegna in qualsiasi tipo di impresa commerciabile per assicurarsi che l'operazione sia conforme a tutte le leggi applicabili. Contratti, brevetti e marchi sono le tre discipline legali più importanti da comprendere. Tutti questi sono strumenti fondamentali per gestire le insidie, stabilire prospettive e proteggere la proprietà intellettuale e altri mezzi.

Contratti

Un accordo abbastanza vincolante che specifica i termini e le condizioni di una vendita o di un rapporto è noto come contratto. I contratti possono essere verbali o scritti, ma gli accordi scritti sono generalmente preferiti in quanto offrono una registrazione precisa dei termini raggiunti. Contratti di compravendita, contratti di lavoro, contratti di leasing e contratti di servizio sono solo alcuni esempi di forme contrattuali tipiche.

Assicurarsi che entrambe le parti comprendano i termini e le condizioni di un contratto è uno dei fattori più importanti da tenere in considerazione. Ciò implica che qualsiasi lingua specializzata o gergo specifico del settore dovrebbe essere chiarita o spiegata e che la lingua del contratto dovrebbe essere semplice e inequivocabile. Inoltre, prima di firmare l'accordo, ciascuna parte dovrebbe avere la possibilità di valutarlo, sollevare domande e ottenere spiegazioni. Anche assicurarsi che il contratto sia esecutivo è un fattore fondamentale. Ciò implica che il contratto deve rispettare specifiche norme legali, come essere liberamente stipulato da tutte le parti, e che il suo contenuto non deve essere illecito o contrario all'ordine pubblico. In alcune circostanze, affinché un contratto sia esecutivo, potrebbe anche essere necessario che sia in forma scritta e firmato da tutte le parti.

Alla fine, è fondamentale immaginare cosa accadrebbe se una persona infrangesse l'accordo. Ciò può includere la definizione dei mandati applicabili per la violazione, analogamente alla richiesta alla persona offesa di riparare o adottare misure particolari per rimediare. Per evitare azioni costose e dispendiose in termini di tempo, può includere anche l'inserimento di clausole per accordi contrastanti, simili all'arbitrato o agli accordi.

Brevetti

Un brevetto è un titolo abbastanza onorato che, per un certo periodo di tempo, garantisce al titolare l'unica capacità di produrre, utilizzare e manipolare un'invenzione. Consentendo ai formulatori di fare soldi con le loro idee, i brevetti hanno lo scopo di promuovere la creatività. Incoraggiano anche la pubblicazione di nuove idee in modo che altri possano basarsi su di esse.

Un innovatore deve presentare una domanda di brevetto all'ente governativo competente per ottenere un brevetto. L'operazione deve contenere tutte le delineazioni essenziali e altre attestazioni, nonché un'esauriente spiegazione dell'invenzione. Un supervisore dei brevetti valuterà l'operazione e deciderà se l'invenzione soddisfa i criteri legali per la brevettabilità.

Assicurati che l'invenzione sia effettivamente unica e non ovvia quando si tratta di brevetti. Ciò implica che l'invenzione non deve essere una chiara interpretazione di un'invenzione preesistente e che non deve essere stata preventivamente rivelata al pubblico. Allo stesso modo, è fondamentale confermare che l'innovatore è abbastanza bravo da depositare un brevetto, che può richiedere il concorso di un datore di lavoro o di altre parti con una partecipazione implicita nell'invenzione.

Il fatto che il brevetto venga eseguito è un ulteriore fattore cruciale. Ciò potrebbe includere tenere d'occhio la richiesta per individuare possibili trasgressori e intraprendere azioni legali per fermare o aiutare a prevenire le violazioni. Potrebbe anche autorizzare l'invenzione a terzi, il che potrebbe costituire una significativa fonte di profitto per il titolare del brevetto.

Marchi

Un marchio è un design, un termine o un'espressione che viene utilizzato per identificare e separare un articolo o un servizio in modo frammentario da un altro. I marchi sono importanti perché aiutano i consumatori a determinare la fonte di un bene o servizio e perché possono essere un efficace strumento di marketing per le aziende.

Una società deve presentare una domanda di marchio all'ente governativo competente per ottenere un marchio. L'operazione deve essere accompagnata da un'esauriente spiegazione del marchio nonché da ogni necessaria attestazione di supporto, come ad esempio esemplificazioni di come verrà utilizzato il marchio. Un monitoraggio del marchio esaminerà l'operazione e deciderà se il marchio è sufficientemente unico per essere registrato e se è probabile che causi confusione con marchi registrati in precedenza.

Verificare che un marchio non violi i diritti altrui è uno dei fattori legali più importanti da tenere in considerazione quando si ha a che fare con i marchi. Per assicurarsi che il marchio non sia stato precedentemente utilizzato da un'altra società o persona, è necessario eseguire un controllo completo. Comporta anche evitare l'uso di marchi che sono esorbitantemente analoghi a quelli precedentemente in uso, poiché ciò può generare confusione nel cliente e, in effetti, problemi legali.

Assicurarsi che il marchio sia docilmente protetto è un altro fattore fondamentale. Ciò può includere la richiesta di protezione del marchio in diverse nazioni o aree, tenere d'occhio la richiesta per individuare potenziali trasgressori e intraprendere azioni legali per fermare o aiutare a prevenire le violazioni. Potrebbe anche includere la concessione di licenze d'uso del marchio a terzi, che possono costituire una fonte di guadagno economico per il titolare del marchio.

È fondamentale pensare alle ramificazioni strategiche di contratti, brevetti e marchi oltre a queste questioni legali. I contratti possono essere utilizzati, ad esempio, per definire prospettive univoche con fornitori, ospiti e membri del personale, nonché per proteggere dati aziendali importanti come i segreti commerciali.

I brevetti possono essere impiegati per dare a un'azienda un vantaggio competitivo e per coprire invenzioni o tecnologie originali. I marchi possono essere utilizzati per sviluppare la fedeltà del cliente e la consapevolezza del marchio, nonché un'identità distinta per l'azienda.

Può essere delicato navigare in queste questioni legali; pertanto, consultare un consulente esperto specializzato in queste materie è costantemente salutare. Oltre ai consigli sull'immolazione su questioni politiche come le licenze, l'azione e la crescita globale, un avvocato può aiutare a garantire che contratti, brevetti e marchi siano ragionevolmente validi e docilmente eseguiti. Le aziende possono proteggere la loro proprietà intellettuale e altri mezzi, gestire le insidie e creare una solida base per il successo a lungo termine gestendo con precisione questi fattori legali.

Capitolo 7

Costruire una squadra forte:

assumere e gestire i talenti

La qualità del pool di un'azienda ha un impatto significativo sulla sua performance. Un grande plotone può stimolare l'invenzione, promuovere affari e aiutare un'azienda a raggiungere i suoi obiettivi. Ma l'assemblaggio di un solido plotone richiede uno studio significativo delle procedure di selezione e funzionamento. In questo post esamineremo alcuni modi migliori per scegliere e supervisionare le persone.

Assumere

La possibilità e l'assunzione delle individualità applicabili è il primo passo per creare un plotone importante. Ciò richiede un profondo apprezzamento delle capacità e delle tariffe richieste per ciascuna parte, nonché un processo di assunzione di successo.

Descrivi la tua parte

È fondamentale descrivere distintamente la funzione e i doveri della posizione prima di iniziare il processo di reclutamento. Ciò renderà più probabile che la descrizione del lavoro rappresenti docilmente le capacità e le credenziali richieste per la posizione.

Utilizzare una varietà di canali di recupero

L'esercizio di una varietà di canali di bonifica è fondamentale se si desidera attirare un ampio pool di potenziali clienti. Ciò può includere bollettini su siti Web commerciali, piattaforme di social media e bacheche di lavoro, nonché funzioni di networking e raccomandazioni particolari.

Dovrebbero essere utilizzate domande di intervista comportamentale

La cosa delle domande di intervista comportamentale è stimare i primi risultati di un cercatore e anticipare i futuri risultati

. Quando si tratta di individuare doni d'élite, possono essere più utili delle domande di intervista convenzionali.

Cerca riferimenti

Una fase fondamentale nel processo di reclutamento è il controllo delle referenze. Può essere usato per confermare il background e le credenziali di un ricercatore e per maturare informazioni sui suoi stili di lavoro e carattere.

Gestire

Dopo aver lanciato il regalo giusto, è fondamentale gestirlo e svilupparlo bene. Ciò potrebbe comportare una varietà di tattiche, come delineare prospettive precise, fornire feedback frequenti e presentare possibilità di miglioramento.

Chiarisci le tue prospettive.

Definire facilmente i potenziali clienti è un elemento fondamentale della gestione del personale. L'impostazione di oggetti di prestazioni, la correlazione di indicatori di prestazioni cruciali (KPI) e l'invio di feedback regolari sullo sviluppo sono alcuni esempi di come eseguire questa operazione.

Dai continuamente feedback

Dare un feedback costante ai lavoratori è fondamentale per favorirne la crescita e lo sviluppo. Controlli regolari, valutazioni delle prestazioni e sessioni di guida possono farne parte. Il feedback deve essere preciso, rapido e utilizzabile.

Dare possibilità di espansione e sviluppo I lavoratori possono avere un senso di valore e impegno nel loro lavoro ricevendo opportunità di crescita e sviluppo. Incarichi estesi, aperture di formazione e sviluppo e incoraggiamento del personale ad assumere nuovi compiti sono alcuni modi per farlo.

Incoraggia una pianta positiva

Un elemento essenziale della gestione del regalo è creare un terreno di lavoro affabile. Ciò potrebbe includere incoraggiare una comunicazione aperta, ringraziare i membri del personale per i loro risultati e sostenere un sano equilibrio tra lavoro e vita privata.

Sfide

Può essere delicato creare un plotone di successo e ci sono alcuni tipici errori di calcolo da evitare. Questi corrispondono di

Impiegando solo sull'esperienza

Sebbene l'esperienza sia fondamentale, non è l'unico aspetto da tenere in considerazione quando si conserva. Braciole morbide come la cooperazione e la comunicazione sono fondamentali per creare un grande plotone.

Rifiuto di fornire feedback

La mancanza di un feedback armonioso può generare avanzamento e morale basso tra i lavoratori. Per aiutare i lavoratori a migliorare le loro prestazioni, è fondamentale offrire coaching e feedback continui.

Mancanza di aperture di crescita

I lavoratori che sentono che le loro posizioni sono statiche sono più inclini a lasciare il lavoro. Fornire possibilità di sviluppo e progresso potrebbe favorire il mantenimento della migliore forza lavoro.

Trascurare la cultura commerciale

La cultura aziendale è fondamentale per trattenere e mantenere le persone migliori. Deve essere stabilita una solida cultura commerciale che sostenga le credenze e gli obiettivi dell'associazione.

Conclusione

Una struttura di plotone di successo è essenziale per il successo commerciale. Il raggiungimento di obiettivi commerciali e l'attrazione e il mantenimento di persone di alto livello possono essere facilitati impiegando pratiche operative e di reclutamento efficaci. Costruire un plotone forte richiede problemi e attenzione continui, anzi dopo che il processo di assunzione e inserimento iniziale è terminato. Questo è il motivo per cui è importante che le aziende definiscano i luoghi, utilizzino più canali per il recupero, forniscano feedback continui e offrano aperture per la crescita e lo sviluppo. Poi ci sono alcune altre tattiche di operazione di regalo su cui supporre

Sviluppa fiducia

Un buon plotone deve avere una solida base di fiducia. Essendo aperti con il tuo plotone, mantenendo la parola data e preoccupandosi autenticamente dei loro problemi, i direttori possono fidarsi del loro staff.

Promuovere la cooperazione

Il lavoro di squadra tra i membri può influenzare ulteriormente la creatività e il prodotto. Incoraggia la cooperazione dando loro la possibilità di unirsi sui sistemi e promuovendo un clima di comunicazione aperta.

Dare prezzi e riconoscimento

È più probabile che i lavoratori siano coinvolti e dediti al proprio lavoro se si sentono apprezzati e onorati per i loro sforzi. I lavoratori che svolgono ripetutamente il loro lavoro dovrebbero ammettere riconoscimenti e benefici, simili a lagniappes, elevazioni o sole pubblico.

Risoluzione anticipata dei problemi di prestazioni

Un intervento tempestivo nelle imprese di performance può aiutare a impedire loro di svilupparsi in ossa più grandi negli ultimi tempi. Tuttavia, fornisci loro una guida e un commento dettagliato in modo che possano migliorare se un lavoratore non si comporta bene.

Metti l'accento sull'equilibrio tra lavoro e vita privata.

I lavoratori attribuiscono sempre più importanza all'equilibrio tra lavoro e vita privata, specialmente nell'attuale terreno di lavoro a distanza. La pianificazione flessibile, le aperture di lavoro a distanza e il tempo libero retribuito promuovono l'equilibrio tra lavoro e vita privata.

Insieme a queste tattiche, è fondamentale stimare regolarmente i requisiti del tuo plotone e modificare le tue tattiche operative se necessario. Ciò può includere la raccolta di input manuali, la copertura di criteri di prestazione cruciali e l'adattamento ai cambiamenti nel terreno commerciale.

Sfide

Il processo di sviluppo e guida di un buon plotone non è privo di difficoltà. Di seguito sono riportate alcune ulteriori difficoltà tipiche di cui preoccuparsi

Mantenere il regalo alla moda

Potrebbe essere delicato mantenere il miglior regalo nella machiavellica richiesta di lavoro del momento. Offrire possibilità di crescita e sviluppo, nonché pagamenti e vantaggi competitivi è fondamentale.

Responsabile delle brigate remote

La gestione delle brigate remote può essere delicata a causa di problemi di collaborazione e comunicazione. Fondamentale è stabilire percorsi di comunicazione chiari, offrire strumenti e forzieri per il lavoro a distanza, definire obiettivi prestazionali chiari.

Gestione del conflitto

La struttura di un buon plotone può essere significativamente ostacolata dal conflitto interpersonale. Creando aperture per il dialogo onesto e la risoluzione dei conflitti, è fondamentale affrontare i conflitti in anticipo ed efficacemente.

Sostenere il morale

Il morale basso può avere un grande effetto su quanto sia produttivo e impegnato un plotone. Assegnando lodi e premi, risolvendo le difficoltà di rendimento e promuovendo un'atmosfera di lavoro sana, è necessario affrontare i problemi di morale.

Conclusione

Per creare e mantenere un grande plotone sono necessari un approccio pianificato all'assunzione, nonché un'attenzione continua allo sviluppo e all'impegno delle mani. Le aziende possono produrre un plotone in grado di raggiungere i propri obiettivi e promuovere la creatività ponendo una forte enfasi sulla fiducia, sulla cooperazione, sul riconoscimento e sull'equilibrio tra lavoro e vita privata, nonché su problemi di immersione come conservazione, lavoro a distanza, conflitto e morale.

Capitolo 8

Creare una cultura aziendale vincente: motivare e coinvolgere i dipendenti

Costruire una cultura aziendale di successo è essenziale per ispirare e coinvolgere il personale. Un ambiente di lavoro amichevole e incoraggiante può portare a una produzione più elevata, a una maggiore soddisfazione sul lavoro e a tassi di turnover ridotti. Ecco alcune idee per sviluppare una cultura aziendale di successo:

Stabilisci i tuoi valori

Il primo passo per sviluppare una sana cultura aziendale è definire i valori della tua organizzazione. I principi della tua organizzazione dovrebbero essere evidenti a tutti i lavoratori e dovrebbero guidare il comportamento e il processo decisionale di tutti.

Promuovere una comunicazione sincera

Il fondamento della fiducia e del lavoro di squadra tra i dipendenti è la comunicazione aperta. Tenendo frequenti riunioni di gruppo, cassette dei suggerimenti e sessioni individuali con la direzione, puoi favorire una comunicazione aperta.

Offrire possibilità di sviluppo e crescita

I dipendenti vogliono credere che le loro posizioni si stiano evolvendo e ampliando di conseguenza. Offri ai lavoratori la possibilità di crescere nella loro carriera, acquisire nuove competenze e assumere nuove responsabilità.

Fornire retribuzioni e vantaggi competitivi sul mercato

Affinché i migliori talenti vengano attratti e mantenuti, sono necessarie retribuzioni e vantaggi interessanti. Assicurati che la tua retribuzione e i tuoi vantaggi siano competitivi facendo qualche ricerca sulle norme del settore.

Riconoscere e onorare i successi

I risultati dei dipendenti dovrebbero essere riconosciuti e premiati, poiché questo può essere un forte incentivo. Fornire ricompense, opportunità di avanzamento e plauso pubblico ai membri del personale che eccellono nelle loro posizioni.

Incoraggiare l'equilibrio tra lavoro e vita privata

Fornire ai dipendenti ferie retribuite, scelte di lavoro da remoto e una programmazione flessibile per aiutare a mantenere un sano equilibrio tra lavoro e vita privata.

Sfide

Costruire una cultura aziendale di successo non è privo di difficoltà. Di seguito sono riportate alcune difficoltà più tipiche di cui essere a conoscenza:

Responsabile dei team remoti

Costruire e sostenere una sana cultura aziendale presenta particolari difficoltà quando si lavora con personale remoto. Promuovere la cooperazione e la comunicazione tra membri distanti del team può essere una sfida. Per aiutare con questi problemi, fornire canali di comunicazione efficaci e offrire strumenti e risorse per il lavoro a distanza.

Gestione del conflitto

La costruzione di una sana cultura aziendale può essere notevolmente ostacolata da conflitti interni tra il personale. Creando opportunità di dialogo onesto e risoluzione dei conflitti, è fondamentale affrontare i conflitti in modo tempestivo ed efficace.

Sostenere il morale

Il livello di coinvolgimento e produttività tra i dipendenti può essere notevolmente influenzato dal morale basso. Assegnando lodi e premi, risolvendo le difficoltà di rendimento e promuovendo un'atmosfera di lavoro sana, è necessario affrontare i problemi di morale.

Aumentare l'inclusione e la diversità

Sebbene la creazione di un luogo di lavoro inclusivo e diversificato possa essere difficile, è fondamentale per sviluppare una forte cultura aziendale. Assicurati che le tue pratiche di reclutamento e promozione siano inclusive e conduci regolarmente formazione sulla diversità e l'inclusione.

Conclusione

Una fiorente cultura aziendale richiede lavoro e concentrazione costanti. Puoi creare un ambiente di lavoro produttivo e incoraggiante che ispiri e coinvolga i dipendenti definendo i tuoi valori, incoraggiando una comunicazione aperta, offrendo opportunità di crescita e sviluppo, fornendo compensi e benefici competitivi, riconoscendo e premiando i risultati e promuovendo l'equilibrio tra lavoro e vita privata. La tua cultura aziendale rimarrà forte e buona nel tempo se gestisci problemi tipici come la gestione di team remoti, affrontare i conflitti, sostenere il morale e promuovere la diversità e l'inclusione.

Ecco alcune altre idee per sviluppare una cultura aziendale di successo:

Dai il buon esempio

Lo sviluppo di una sana cultura del posto di lavoro è principalmente responsabilità dei leader. I leader dovrebbero agire secondo i principi e gli standard a cui tengono. Ciò implica essere aperti e disponibili, oltre che educati e collaborativi.

Promuovere la cooperazione

La collaborazione tra i membri del personale può aumentare la creatività, la produzione e la felicità lavorativa. Offrire possibilità di lavoro di squadra, iniziative interfunzionali e scambio di informazioni, promuovere la collaborazione.

Promuovere il benessere e il benessere Una sana cultura del posto di lavoro richiede un'attenzione particolare al benessere e al benessere dei dipendenti. Per aiutare i dipendenti a mantenere uno stile di vita sano, fornire programmi di benessere tra cui lezioni di ginnastica in loco e servizi di salute mentale.

Ecco alcune altre idee per sviluppare una cultura aziendale di successo:

Dai il buon esempio

Lo sviluppo di una sana cultura del posto di lavoro è principalmente responsabilità dei leader. I leader dovrebbero agire secondo i principi e gli standard a cui tengono. Ciò implica essere aperti e disponibili, oltre che educati e collaborativi.

Promuovere la cooperazione

La collaborazione tra i membri del personale può aumentare la creatività, la produzione e la felicità lavorativa. Offrire possibilità di lavoro di squadra, iniziative interfunzionali e scambio di informazioni, promuovere la collaborazione.

Promuovere il benessere e il benessere Una sana cultura del posto di lavoro richiede un'attenzione particolare al benessere e al benessere dei dipendenti. Per aiutare i dipendenti a mantenere uno stile di vita sano, fornire programmi di benessere tra cui lezioni di ginnastica in loco e servizi di salute mentale.

Quando si sviluppa una cultura aziendale di successo, ulteriori difficoltà di cui essere consapevoli includono:

Costruire la fiducia Costruire la fiducia potrebbe richiedere del tempo, ma è fondamentale per una forte atmosfera sul posto di lavoro. Per guadagnare la fiducia del tuo staff, sii aperto, sincero e coerente nella comunicazione e nel processo decisionale.

Controllo del cambiamento

Qualsiasi organizzazione sperimenterà il cambiamento, ma potrebbe essere dirompente per la cultura aziendale. Gestisci il cambiamento con successo mantenendo le linee di comunicazione aperte e proattive, includendo il personale nel processo decisionale e offrendo assistenza e risorse secondo necessità.

Tenere sotto controllo gli obiettivi individuali e di squadra
Gli obiettivi del team e gli obiettivi personali possono occasionalmente scontrarsi. Per garantire che i successi individuali contribuiscano al successo complessivo della squadra e dell'organizzazione, è fondamentale trovare un equilibrio tra obiettivi individuali e di squadra.

In conclusione, lo sviluppo di una cultura organizzativa di successo richiede un lavoro e una concentrazione continui. Puoi creare un ambiente di lavoro produttivo e incoraggiante che ispiri e coinvolga le persone dando il buon esempio, promuovendo la cooperazione, promuovendo la salute e il benessere, promuovendo un senso di comunità, stabilendo aspettative e feedback chiari e gratificando i risultati. La tua cultura aziendale sarà forte e valida nel tempo se affronti questioni come lo sviluppo della fiducia, la gestione del cambiamento e il bilanciamento degli obiettivi individuali e di squadra.

Capitolo 9

Avviare la tua startup: Massimizzare le tue risorse

Può essere prezioso e pericoloso avviare un'impresa. Tuttavia, ci sono stili che i possessori di affari possono impiegare per stabilire la loro incipienza con poca plutocrazia. Bootstrapping è il termine usato per descrivere questa strategia. Il bootstrapping si riferisce all'utilizzo di fondi precedentemente disponibili per avviare ed espandere uno stabilimento. Quando avviate la vostra attività, utilizzate questi suggerimenti per massimizzare le vostre casse

Costruire un prodotto minimamente fattibile.

Un prodotto minimo vitale (MVP) è un bene o un servizio che fornisce la funzionalità necessaria per soddisfare i requisiti dei primi utilizzatori, raccogliendo al contempo input per lo sviluppo del prodotto non ancora nato. Consentendoti di testare la tua concezione prima di spendere soldi per il lancio di un prodotto su vasta scala, la creazione di un MVP può aiutarti a risparmiare tempo e denaro.

Usa casse gratuite ed economiche

Gli imprenditori hanno accesso a una vasta gamma di risorse gratuite e convenienti, inclusi software open source, strumenti web gratuiti e vie di marketing convenienti. Puoi tagliare i tuoi costi di incipienza e salvare le tue casse fiscali esercitando queste casse.

Usa la tua rete

Quando esegui il bootstrap di una startup, la tua rete personale e professionale potrebbe essere una risorsa utile. Chiedi ai tuoi moschettieri, familiari e colleghi se possono darti consigli o supporto. Potresti essere in grado di rilevare nuovi ospiti o investitori utilizzando la tua rete come risorsa.

Cerca fonti di finanziamento indispensabili

Il bootstrap non conta come ricerca di sostegno fiscale. Opzioni di raccolta fondi indispensabili, tra cui crowdfunding, prestiti per piccole imprese e sovvenzioni, possono aiutarti a raccogliere più denaro senza rinunciare alle azioni della società.

Ridurre le spese di deflusso

Mantenere le spese di deflusso più basse possibili è fondamentale per il bootstrapping. Invece di mantenere il personale a tempo pieno, ciò può includere lavorare sempre, partecipare a spazi per uffici o esternalizzare il lavoro ad appaltatori.

Guarda il tuo flusso di cassa

Gestire il tuo afflusso di cassa è essenziale durante il bootstrap della tua incipienza. Tieni d'occhio il tuo afflusso di cassa e assicurati di avere una strategia in atto per controllare la spesa e produrre reddito.

Quando si esegue il bootstrap di un lancio, ci sono alcuni nuovi problemi di cui essere a conoscenza, come ad esempio

Casse più piccole

Lavorare con un budget ridotto è comune durante il bootstrap, che può essere delicato. Preparati a creare precedenti e scegli dove spendere le tue casse.

Il bootstrap a tempo limitato può richiedere molto tempo, in particolare se ti stai destreggiando tra diverse attività o lavori con un piccolo plotone. Preparati a dedicare lunghe ore di lavoro e gestisci bene il tuo tempo.

Piccola scalabilità

Il bootstrap potrebbe rendere più delicato per te far crescere la tua azienda. Preparati ad affrontare l'espansione a un ritmo più lento e controllato e concentrati sulla creazione di un'azienda sostenibile a lungo termine.

Casse più piccole

Lavorare con un budget ridotto è comune durante il bootstrap, che può essere delicato. Preparati a creare precedenti e scegli dove spendere le tue casse.

Il bootstrap a tempo limitato può richiedere molto tempo, in particolare se ti stai destreggiando tra diverse attività o lavori con un piccolo plotone. Preparati a dedicare lunghe ore di lavoro e gestisci bene il tuo tempo.

Piccola scalabilità

Il bootstrap potrebbe rendere più delicato per te far crescere la tua azienda. Preparati ad affrontare l'espansione a un ritmo più lento e controllato e concentrati sulla creazione di un'azienda sostenibile a lungo termine.

Passa al digitale con il marketing

Senza investire molto plutocrate, il marketing digitale può essere un approccio efficace per connettersi con il tuo target demografico. Utilizza gli spot sui social network, il dispatch marketing e il content marketing per aumentare l'esposizione del marchio e la generazione di lead.

Assegna all'adesione e alla fidelizzazione dei clienti la massima priorità

È fondamentale concentrarsi sull'adesione e sulla fidelizzazione dei clienti durante il bootstrap. Per fare ciò, devi identificare la tua richiesta target, comprendere i loro desideri e le aree deboli e produrre beni e servizi per soddisfare tali richieste. Implica anche la creazione di solidi legami con i tuoi ospiti per promuovere la ricreazione degli affari e utili raccomandazioni del passaparola.

Produrre una Brand Identity importante

Il tuo lancio può distinguersi in una richiesta competitiva creando un'identità di marca distintiva. Dedica tempo e plutocrate alla progettazione della strategia del tuo marchio, che dovrebbe includere il tono di voce, l'identità visiva e la comunicazione della tua azienda.

Enfatizzare il coordinamento e l'innovazione

Il bootstrap richiede un approccio aperto e creativo. Incoraggia il dialogo aperto e la cooperazione tra i tuoi collaboratori e sii aperto a nuovi stili di risoluzione dei problemi.

Enfatizzare lo sviluppo in corso

Il successo a lungo termine del tuo avvio bootstrap dipende dallo sviluppo continuo. Rivedi costantemente le procedure della tua azienda, cerca le aree che potrebbero essere migliorate e acclimatati se necessario. Per assicurarti di fornire valore e soddisfare le loro condizioni, chiedi input sia agli ospiti che ai membri del plotone.

Produrre un'intelligenza positiva

Il bootstrap può essere estenuante, ma è essenziale avere una stazione positiva, mantenersi estremamente motivati e resistere. Lavora con compagni di squadra, istruttori e consulenti probatori che possono indicarti la strada giusta e ispirarti lungo la strada.

Il bootstrap di un lancio può essere un'esperienza stimolante e soddisfacente, ma richiede un'attenta pianificazione, immaginazione e il desiderio di essere flessibili e creativi. Puoi sfruttare al massimo le tue casse, produrre una solida base per la tua azienda e avere successo a lungo termine utilizzando questi suggerimenti e modi.

Capitolo 10

Sfruttare la tecnologia: strumenti e risorse per la crescita

Nell'odierna geografia aziendale in continua evoluzione, la tecnologia è diventata uno strumento necessario per la crescita. Dalle startup alle aziende affermate, la tecnologia ha rivoluzionato il modo in cui operano le aziende, consentendo loro di semplificare i processi, raggiungere nuovi ospiti e ottenere un vantaggio competitivo. In questa composizione, esploreremo alcuni degli strumenti e delle risorse cruciali che le aziende possono utilizzare per raggiungere la crescita attraverso la tecnologia.

Esercitare la palla

Pall computing è emerso come uno dei progressi tecnologici più significativi degli ultimi tempi, offrendo alle aziende una serie di vantaggi. Utilizzando pacchetti software e servizi, le aziende possono ridurre i costi IT perfezionando la scalabilità e la flessibilità. Pall computing consente inoltre alle aziende di archiviare e trasmettere i propri dati in modo sicuro da qualsiasi parte del mondo, consentendo il lavoro e la collaborazione in remoto.

Esercitare il cloud

Pall computing è emerso come uno dei progressi tecnologici più significativi degli ultimi tempi, offrendo alle aziende una serie di vantaggi. Utilizzando pacchetti software e servizi, le aziende possono ridurre i costi IT perfezionando la scalabilità e la flessibilità. Pall computing consente inoltre alle aziende di archiviare e trasmettere i propri dati in modo sicuro da qualsiasi parte del mondo, consentendo il lavoro e la collaborazione in remoto.

Social media

I social media stanno diventando un elemento essenziale del terreno aziendale ultramoderno, fornendo alle aziende un potente strumento per attirare nuovi ospiti, interagire con i clienti attuali e aumentare il riconoscimento del marchio. I siti di social media come Facebook, Instagram e Twitter hanno oltre 4,5 miliardi di utenti in tutto il mondo, il che li rende strumenti di marketing fondamentali per aziende di tutte le dimensioni.

Le aziende possono comunicare in modo più efficiente con i loro follower target utilizzando i social media, promuovere la fedeltà al marchio e aumentare il business del sito web. Inoltre, i social media offrono una varietà di opzioni pubblicitarie, consentendo alle aziende di rivolgersi a culti particolari con annunci mirati. In questo modo, le aziende possono raggiungere in modo più efficace nuovi ospiti e aumentare il ritorno sull'investimento (ROI).

Intelligenza artificiale (AI)

L'intelligenza artificiale (AI) è diventata uno strumento sempre meno importante per le aziende, offrendo una serie di vantaggi dal perfezionamento del servizio clienti all'automazione dei processi. L'intelligenza artificiale può essere utilizzata per sezionare grandi quantità di dati, automatizzare le attività di routine e formulare previsioni fondate su dati letterali.

Una delle operazioni più significative dell'intelligenza artificiale è nel servizio clienti, dove catboat e aiutanti virtuali possono gestire le richieste di routine dei clienti, liberando il personale per concentrarsi su questioni più complesse. L'intelligenza artificiale può anche essere utilizzata per migliorare le operazioni della catena di forza, consentendo alle aziende di ottimizzare le loro situazioni di forza e ridurre i costi. Nel marketing, l'intelligenza artificiale può essere utilizzata per incarnare contenuti e pubblicità, perfezionando l'esperienza del cliente e promuovendo affari.

Commercio elettronico

L'e-commerce ha trasformato il settore della vendita al dettaglio, offrendo alle aziende un nuovo modo per raggiungere gli ospiti e vendere i propri prodotti online. Piattaforme di e-commerce come Shopify, Woo Commerce e Magenta possono essere utilizzate dalle aziende per avviare in modo rapido e fluido un negozio online senza la necessità di conoscenze tecniche o specialistiche.

L'e-commerce presenta numerosi vantaggi, tra cui un seguito più ampio, un migliore servizio clienti e costi operativi inferiori. Le aziende possono raggiungere un pubblico globale sette giorni su sette, 24 ore su 24, vendendo i loro prodotti online. L'e-commerce consente inoltre alle aziende di offrire consigli personalizzati basati sui dati dei clienti, perfezionando l'esperienza del cliente e guidando gli affari.

Analisi dei Big Data

L'analisi dei big data è emersa come uno strumento cruciale per le aziende, offrendo percettività sulle tendenze delle richieste dei clienti e sulle prestazioni aziendali. Analizzando grandi quantità di dati, le aziende possono prendere decisioni informate, identificare opportunità di crescita e ottimizzare le loro operazioni.

L'analisi dei big data può essere utilizzata in una vasta gamma di aree, dal marketing alle operazioni della supply chain. Nel marketing, le aziende possono utilizzare i dati per incarnare contenuti e pubblicità, perfezionando l'esperienza del cliente e promuovendo affari. Nelle operazioni della catena di forza, i dati possono essere utilizzati per ottimizzare le situazioni di forza, ridurre gli sprechi e migliorare i tempi di consegna.

Internet degli effetti (IoT)

Internet of Effects (IoT) è diventata una parola d'ordine negli ultimi tempi, riferendosi alla rete connessa di oggetti fisici come veicoli, strutture e altri oggetti che sono dotati di rilevatori, software e connettività. L'IoT offre alle aziende una serie di vantaggi, dal perfezionamento dell'efficacia e della produttività alla creazione di nuove opportunità di profitto.

Utilizzando il pregiudizio dell'IoT, le aziende possono raccogliere dati sulle loro operazioni e utilizzare questi dati per ottimizzare i loro processi, ridurre i costi e migliorare la soddisfazione del cliente. Ad esempio, nel settore manifatturiero, i rilevatori IoT possono essere utilizzati per tracciare il funzionamento di macchine e attrezzature, riducendo al minimo i tempi e i costi di conservazione. Nella vendita al dettaglio, i rilevatori IoT possono essere utilizzati per tenere traccia delle situazioni di forza, consentendo alle aziende di rifornire i prodotti in modo più efficiente.

Applicazioni mobili

Le operazioni mobili sono diventate uno strumento essenziale per le aziende, offrendo una serie di vantaggi dal perfezionamento del coinvolgimento del cliente all'aumento del profitto. Sviluppando un'app mobile, le aziende possono offrire un'esperienza più personalizzata ai propri ospiti, consentendo loro di acquistare i propri prodotti o servizi in movimento.

Le operazioni mobili possono anche essere utilizzate per raccogliere dati sui clienti che consentono alle aziende di conformare le proprie strategie di marketing e vendita in modo più efficace. Ad esempio, analizzando i dati di un'app mobile, le aziende possono identificare quali prodotti o servizi sono più popolari tra i loro ospiti e utilizzare queste informazioni per sviluppare colossi di marketing mirati.

Blockchain

La tecnologia blockchain è emersa come un punto di svolta in numerosi campi, offrendo vantaggi simili a una migliore sicurezza, trasparenza ed efficacia. Blockchain è un sistema di conteggio decentralizzato che consente accordi sicuri e a prova di manomissione.

Nella finanza, la blockchain può essere utilizzata per migliorare la sicurezza e la trasparenza degli accordi fiscali, riducendo la minaccia di frodi e crimini. Nelle operazioni della catena di approvvigionamento, la blockchain può essere utilizzata per tracciare il movimento delle merci e garantire che siano autentiche e non false.

Sicurezza informatica

Con l'ulteriore dipendenza dalla tecnologia, la sicurezza informatica è diventata una preoccupazione fondamentale per le aziende di tutte le dimensioni. Gli attacchi informatici possono causare violazioni dei dati, perdite fiscali e danni alla reputazione, rendendo essenziale per le aziende investire in solide misure di sicurezza informatica.

Utilizzando questi strumenti, le aziende possono proteggere le loro reti e i loro dati dalle insidie informatiche e garantire l'integrità delle loro operazioni.

In conclusione, la tecnologia è diventata uno strumento necessario per le aziende che cercano di ottenere crescita e successo. Dal cloud computing alla sicurezza informatica, le aziende possono utilizzare una gamma di strumenti e risorse per semplificare le proprie operazioni, raggiungere nuovi ospiti e ottenere un vantaggio competitivo nella loro diligenza separata. Rimanendo aggiornate con gli ultimi progressi tecnologici e incorporandoli nelle loro operazioni, le aziende possono posizionarsi per una crescita e un successo a lungo termine.

Capitolo 11

Commercializzare la tua start-up: costruire il tuo marchio e la tua base di clienti

Il marketing è un elemento critico di qualsiasi iniziativa di successo. È il processo di promozione e vendita di prodotti o servizi agli ospiti. Il marketing implica una serie di condizionamenti, dall'erezione della consapevolezza del marchio alla generazione di contatti e alla conclusione di accordi. In questa composizione, esploreremo le strategie e le tattiche colorate che le startup possono utilizzare per commercializzare le loro attività, costruire i loro marchi e far crescere la loro base di clienti.

Sviluppa la tua identità di marca

Il primo passo per vendere la tua incipienza è sviluppare la tua identità di marca. L'identità del tuo marchio è la rappresentazione visiva della tua attività, inclusi totem, sito Web, accessori di marketing e altri rudimenti di imprinting.

L'identità del tuo marchio dovrebbe essere armoniosa su tutti i canali e riflettere i valori e la personalità della tua azienda.

Per sviluppare l'identità del tuo marchio, inizia definendo la missione e la visione del tuo marchio. Quale problema risolve la tua incipienza e qual è la tua ultima cosa? Successivamente, produci un'identità visiva che rifletta la personalità, i valori e la missione del tuo marchio. Ciò include il totem, la tavolozza dei colori, la tipografia e altri rudimenti di design.

Crea un sito web

Il tuo sito web è il tuo negozio online, dove gli ospiti possono saperne di più sulla tua attività, prodotti e servizi. Il tuo sito web dovrebbe essere visivamente affascinante, facile da navigare e ottimizzato per i motori di ricerca.

Quando costruisci il tuo sito web, concentrati sull'esperienza dello stoner. Assicurati che il tuo sito web sia reattivo e ottimizzato per i dispositivi mobili, in modo che abbia un bell'aspetto su qualsiasi dispositivo. Usa un linguaggio chiaro e conciso per descrivere la tua attività e le sue immolazioni e includi immagini e video di alta qualità per mostrare i tuoi prodotti o servizi.

Influenza sui social media

Fornisce una piattaforma per connettersi con gli ospiti, stabilire connessioni e promuovere la tua attività. Esistono numerose piattaforme di social media tra cui scegliere, tra cui Facebook, Instagram, Twitter e LinkedIn.

Per utilizzare i social media in modo efficace, inizia definendo la tua strategia sui social media. Identifica le piattaforme più applicabili alla tua attività e ai tuoi follower e sviluppa una strategia di contenuto in linea con l'identità e le pretese del tuo marchio. Utilizza i social media per interagire con i tuoi follower, condividere contenuti pertinenti e promuovere i tuoi prodotti o servizi.

Marketing dei contenuti

Il processo di produzione e propagazione di contenuti utili, materiali e armoniosi al fine di attirare e mantenere un pubblico di destinazione. I contenuti possono includere post di blog, video, word plate, white paper e altri tipi di contenuti che danno valore ai tuoi follower.

Per utilizzare in modo efficace il content marketing, inizia definendo un piano di contenuti che corrisponda all'identità e alle pretese della tua azienda. Identifica i temi più applicabili ai tuoi follower e sviluppa contenuti che forniscano loro valore. Condividi i tuoi contenuti su canali colorati, inclusi i social media, il marketing di spedizione e il tuo sito web.

Marketing di spedizione

Il Dispatch Marketing è uno strumento importante per le startup per stabilire connessioni con gli ospiti e promuovere le loro attività. Il Dispatch Marketing prevede il trasferimento di e-mail promozionali a un elenco di abbonati che hanno deciso di accettare le tue e-mail.

Per lavorare in modo efficace con il marketing di spedizione, inizia creando la tua lista di spedizione. Questo può essere fatto offrendo un'attrazione principale, come un eBook gratuito o un white paper, in cambio di indirizzi di spedizione. Usa il dispatch marketing per promuovere i tuoi prodotti o servizi, condividere contenuti preziosi e stabilire connessioni con i tuoi abbonati.

Marketing dell'influenza

L'influencer marketing prevede la collaborazione con influencer per promuovere i tuoi prodotti o servizi. Gli influencer sono individui con un ampio seguito sui social media o su altre piattaforme che possono aiutarti a promuovere la tua attività presso i loro follower.

Per lavorare in modo efficace con l'influencer marketing, inizia mettendo in relazione gli influencer che si allineano con l'identità e i valori del tuo marchio. Sviluppa una strategia su come accoppiarti con gli influencer, sia attraverso contenuti sponsorizzati che altri tipi di collaborazioni.

Hunt Machine Ottimizzazione (SEO)

L'ottimizzazione della macchina da caccia (SEO) è il processo di ottimizzazione del sito Web e dei contenuti per posizionarsi in modo avanzato nei risultati dei motori di ricerca (SERP). Quando il tuo sito web appare avanzato nei risultati della ricerca, può portare ulteriori affari al tuo sito web e aumentare la tua visibilità e credibilità.

Per lavorare in modo efficace con la SEO, inizia conducendo l'esplorazione delle parole chiave per identificare le parole chiave e le espressioni che il tuo follower target sta cercando. Usa queste parole chiave nei contenuti del tuo sito web, inclusi titoli, titoli e meta descrizioni. assicurati che il tuo sito web sia ben strutturato e facile da navigare e che si carichi in modo rapido.

Promozione a pagamento

La pubblicità a pagamento comporta una spesa plutocratica per annunciare la tua azienda attraverso una varietà di piattaforme, tra cui macchine da caccia, social media e annunci display. Puoi espandere il tuo follower e aumentare il business del sito Web utilizzando la pubblicità a pagamento.

Avvia definendo i tuoi oggetti pubblicitari e scegliendo le piattaforme più applicabili per il tuo follower se desideri utilizzare la pubblicità a pagamento in modo efficiente. Produci colossi pubblicitari che siano in armonia con l'identità e gli oggetti del tuo marchio e coprili anche per massimizzare il tuo budget pubblicitario.

Affari pubblici

Per vendere la tua azienda e indurre l'esposizione, le pubbliche relazioni (PR) comportano la creazione di connessioni con intelligencer e media. Puoi raggiungere un seguito più ampio e migliorare la tua visibilità e il tuo carattere con l'aiuto delle pubbliche relazioni.

Produci un elenco di media di intelligencer e pubblicazioni che trattano questioni applicabili alla tua azienda per iniziare a utilizzare con successo le pubbliche relazioni. Proponi la tua storia a intelligence e media mentre sviluppi un piano di pubbliche relazioni in armonia con l'identità e gli oggetti del tuo marchio.

Marketing di affiliazione

Lo scopo del marketing di riferimento è convincere gli ospiti a raccomandare la tua azienda ai loro moschettieri e alla loro famiglia. Costruire connessioni con i tuoi consumatori e generare nuove prospettive può essere entrambi realizzato attraverso il marketing di riferimento.

Produci un programmatore di referral che premi i tuoi ospiti per aver associato i loro moschettieri e la loro famiglia alla tua azienda al fine di utilizzare efficacemente il marketing di riferimento. Questo può essere fatto attraverso riduzioni, prodotti gratuiti o altri premi.

In conclusione, vendere la tua incipienza è fondamentale per creare un nome per te stesso e una clientela. Definendo l'identità del tuo marchio, costruendo un sito Web, utilizzando social media, content marketing, dispatch marketing, influencer marketing, SEO, pubblicità a pagamento,

PR e marketing di riferimento, puoi promuovere efficacemente la tua azienda e indurre la crescita per il tuo stabilimento. È fondamentale progettare una strategia di marketing completa che corrisponda all'identità e alle pretese del tuo marchio e analizzare e aggiornare regolarmente il tuo condizionamento di marketing per assicurarti di raggiungere il tuo target di follower e produrre risultati per la tua associazione.

Capitolo 12

Strategie di vendita: Contratti conclusi e aumento dei ricavi

Qualsiasi associazione che voglia chiudere affari e aumentare i profitti deve avere stili di affari efficaci. Strategie di accordi efficaci aiutano le aziende a stabilire connessioni con i propri ospiti, a comprendere le loro esigenze e preferenze e a produrre risultati che affrontano i loro punti deboli. Questo post esaminerà 10 modi per aumentare i profitti e aiutare la tua azienda a concludere affari.

Scegli un follower Target

Il primo passo per creare una strategia commerciale di successo è determinare chi è il tuo cliente target. Ciò implica essere preoccupati per i loro dati demografici, gusti, problemi e copping modelli. Comprendere la tua richiesta target può aiutarti a produrre risultati che riflettano le loro condizioni e preferenze, oltre a personalizzare la tua strategia di negoziazione per trasmettere in modo efficace i vantaggi dei tuoi beni o servizi.

Produrre una forte identità di marca
Un elemento cruciale dell'approccio di qualsiasi affare è l'identità del tuo marchio. La personalità, le convinzioni, i messaggi e l'identità visiva del tuo marchio sono tutti inclusi. Costruire la fiducia con i tuoi ospiti, distinguerti dalla concorrenza e fornire un'esperienza cliente memorabile e intrigante può essere raggiunto con una forte identità di marca.

Sviluppa il canale Your Deals
Il sistema che utilizzi per trasformare gli ospiti impliciti in ossa paganti
è noto come il tuo canale di offerte. Ciò include la relazione con potenziali clienti impliciti, il loro nutrimento durante il processo di negoziazione e la chiusura dell'operazione. Per spostare in modo efficiente gli ospiti impliciti attraverso il canale delle offerte, devi comprendere le fasi del viaggio del cliente e adattare la tua strategia per ciascuna di esse.

Crea legami con i tuoi ospiti
Per te per sviluppare connessioni con i clienti e guadagnare la loro fiducia e fedeltà. Ciò implica prestare molta

attenzione ai loro desideri e requisiti, fornire risultati acclimatati e fornire un ottimo servizio al cliente. Puoi aumentare la fidelizzazione dei clienti e incoraggiare la ripetizione degli affari coltivando ottime connessioni con i tuoi consumatori.

Usa i modi delle offerte come influenza

Per trasmettere in modo persuasivo il valore dei tuoi beni o servizi e concludere accordi, è possibile utilizzare una varietà di strategie. Ciò include la capacità di ascoltare faticosamente, di gestire le contestazioni e di negoziare. Puoi convincere le persone del valore dei tuoi beni o servizi e concludere affari imparando queste strategie.

Sfrutta la tecnologia

La tecnologia ha il potenziale per essere un potente strumento per concludere affari e incrementare i profitti. L'utilizzo del software di gestione delle relazioni con i clienti (CRM) per gestire i dati dei clienti, l'automazione dei processi di negoziazione e l'utilizzo dell'analisi per coprire e migliorare i tuoi problemi di negoziazione sono solo alcuni esempi di come farlo.

Utilizzando il content marketing, aggiungi valore

La creazione e la diffusione di materiale didattico che coinvolge il tuo target di follower e aumenta la consapevolezza del marchio è nota come content marketing. Puoi stabilire la fiducia con i tuoi ospiti e affermare il tuo marchio come leader di pensiero nel tuo campo aggiungendo valore ai tuoi contenuti.

Promuovere e offrire impulsi

Elevazioni e impulsi possono essere strategie importanti per aggiungere offerte e profitti. Per incoraggiare gli ospiti a fare un acquisto, questo include riduzioni d'arredo, biglietti e offerte speciali. Puoi aumentare la fedeltà dei clienti e incoraggiare gli affari ripetuti offrendo questi prezzi.

Lavora insieme agli altri

La collaborazione con le aziende può aiutarti ad aumentare la tua portata e aumentare i profitti. Ciò comporta l'unione con aziende del tuo settore o in ossa affiliate
per offrire risultati confezionati o co-commercializzare reciprocamente beni o servizi.

Sviluppo continuo

L'ottimizzazione della strategia commerciale e la promozione della crescita aziendale richiedono un miglioramento costante. Ciò comporta l'osservazione e l'esame dei dati dell'affare, la sperimentazione di nuove idee e stili e l'apprendimento continuo e la conformità ai desideri e alle esigenze dei tuoi ospiti.

Le tattiche di chiusura delle trattative efficaci sono fondamentali per concludere le trattative e aumentare le entrate per la tua azienda. Puoi condurre con successo affari e aumentare i profitti per la tua azienda determinando la tua richiesta target, creando la tua identità di marca, creando il tuo canale di affari, coltivando connessioni con i tuoi ospiti, utilizzando modalità di affari, esercitando la tecnologia, offrendo valore attraverso il content marketing, fornendo impulsi ed elevazioni , lavorando con gli amici e perfezionando continuamente la tua strategia di affari. Per assicurarti di generare il massimo profitto possibile, è fondamentale disporre di una strategia di negoziazione completa che sia in linea con gli obiettivi della tua azienda. Dovresti anche valutare e migliorare regolarmente i tuoi sudori.

Metti al primo posto l'esperienza del cliente

Per costruire connessioni durature con i tuoi ospiti, devi offrire un'ottima esperienza al cliente. Ciò implica fornire un servizio clienti di prim'ordine, mantenere la parola data e rendere il processo di acquisto semplice e facile. Puoi aumentare la fedeltà dei clienti e incoraggiare la ripetizione degli affari ponendo una forte enfasi sull'esperienza del cliente.

Impostare oggetti raggiungibili

Valutare troppo bene le prestazioni del tuo piano di affari, devono essere impostate pretese di affari oggettive. Ciò implica stabilire pretese sia a breve che a lungo termine che siano in linea con gli obiettivi della tua azienda e monitorare il tuo successo nel farlo. Puoi monitorare in modo efficiente i tuoi progressi e modificare il tuo piano se necessario per assicurarti di essere sulla buona strada per negoziare le tue pretese impostando pretese realistiche.

Spendi plutocrate per l'addestramento e la crescita

È possibile assicurarsi che il tuo gruppo di affari abbia le capacità e le conoscenze necessarie per vendere i tuoi beni o servizi e completare affari investendo nella loro formazione e sviluppo. Ciò comporta l'offerta di aperture per la formazione e il coaching ininterrotti, nonché per lo sviluppo e la creazione professionale. Puoi produrre un plotone ad alte prestazioni adatto a condurre affari e aumentare i profitti per la tua azienda investendo nel tuo personale di affari.

Spendi plutocrate per l'istruzione e lo sviluppo

Facendo un investimento nella loro formazione e sviluppo, puoi assicurarti che il tuo plotone di affari abbia le braciole e le conoscenze necessarie per vendere i tuoi prodotti o servizi e concludere affari. L'offerta di possibilità di coaching e formazione continua, nonché di avanzamento e creazione di carriera rientra in questo ordine. Investendo nella tua squadra di affari, puoi creare un plotone ad alte prestazioni in grado di guidare affari e aumentare le entrate per la tua attività.

Affinché ogni associazione possa concludere accordi e aumentare i profitti, gli stili di accordo efficaci sono fondamentali. Concentrandoti sul mettere in relazione la tua richiesta target, creando la tua identità di marca, creando il tuo canale di affari, coltivando connessioni con i tuoi ospiti, esercitando modalità di affari, esercitando la tecnologia, fornendo valore attraverso il content marketing, fornendo impulsi ed elevazioni, lavorando con gli amici, perfezionando continuamente le tue offerte strategia, concentrandoti sull'esperienza del cliente, impostando pretese ragionevoli, investendo in formazione e sviluppo, misurando e testando i tuoi risultati, e così via, puoi aumentare i tuoi affari. Per garantire la promozione di una crescita sostenibile, è fondamentale disporre di un piano di accordi completo che sia in linea con gli obiettivi della tua azienda. Dovresti anche stimare e ottimizzare regolarmente le tue offerte.

Capitolo 13

Scalare il tuo business: navigare tra crescita ed espansione

Per gli imprenditori, attraversare uno stabilimento può essere sia un momento istigativo che delicato. La prossima fase, già di lancio, è quella di farla crescere inserendo nuove richieste, potenziando le offerte e perfezionando l'efficacia funzionale. Tuttavia, al fine di garantire che la crescita sia economica e sostenibile, la crescita di uno stabilimento richiede una pianificazione e un procedimento rigorosi. Le tattiche per far crescere la tua attività e gestire la crescita e l'espansione saranno trattate in questo post.

Stabilisci gli obiettivi e la visione della tua azienda.

È fondamentale avere una solida comprensione degli obiettivi e della visione della tua azienda prima di valutarli. Ciò comporta capire il tuo target di follower, sondare i tuoi rivali e sviluppare una proposta di valore del nome. La tua capacità di produrre una strategia di crescita mirata e produttiva pur essendo in linea con la tua visione generale dipende dalla tua capacità di comprendere facilmente i tuoi obiettivi di business.

Crea un plotone importante

Spanning il tuo stabilimento richiede la costruzione di un solido plotone. Assumere persone brillanti che condividono la tua visione e i tuoi valori, fornire loro gli strumenti e il supporto di cui hanno bisogno per prosperare e coltivare un ambiente di lavoro innovativo sono tutti esempi di questo. Puoi utilizzare la conoscenza aggregata del tuo staff per alimentare la crescita e l'espansione riunendo un plotone competente.

Costruisci le tue procedure aziendali

Devi mettere in atto processi efficaci e di successo se vuoi far crescere la tua struttura. Ciò comporta lo snellimento delle procedure aziendali, l'automazione quando possibile e il perfezionamento continuo del flusso di lavoro. Puoi potenziare la tua attività, ridurre i costi e aumentare la qualità generale dei tuoi beni o servizi perfezionando le tue procedure aziendali.

Usa la tecnologia

La tecnologia ha il potenziale per essere un potente strumento per far crescere la tua azienda. Ciò include l'uso di tecnologie e strumenti per semplificare le operazioni, aumentare la produttività e migliorare la soddisfazione del cliente. Ad esempio, puoi utilizzare piattaforme di social media per comunicare con gli ospiti e promuovere il tuo marchio, mentre un sistema di gestione delle relazioni con i clienti (CRM) può aiutarti a gestire le relazioni con i clienti e i dati delle trattative.

Estendi il mercato che servi

Una delle tattiche principali per far crescere la tua attività è aumentare la portata delle tue richieste. Ciò comporta la scelta di nuove richieste o richieste di parti da indirizzare, la creazione di nuovi prodotti o servizi per nutrire quei consumatori e l'estensione delle reti di distribuzione. Puoi far crescere la tua base di consumatori, realizzare ulteriori profitti e diversificare la tua attività estendendo la portata delle tue richieste.

Stabilire alleanze strategiche

Creare alleanze strategiche può aiutarti a far crescere la tua azienda e soddisfare in modo efficiente nuove richieste. Ciò comporta l'unione con associazioni o imprese che sono reciproche con le proprie ma hanno pretese e valori analoghi. Puoi perforare nuove casse, ammettere informazioni percettive e attingere alle braciole dei tuoi compagni per accelerare la crescita lavorando con altre società.

Alza il plutocrate

Per valutare il tuo stabilimento, hai costantemente bisogno di più plutocrati per supportare lo sviluppo e l'espansione. Ciò include l'adozione di plutocrati, l'emissione di azioni e l'assunzione di finanziamenti da investitori o associazioni fiscali. Puoi far crescere la tua impresa di marketing, acquistare nuovi beni, servizi o tecnologie, aumentare la tua capacità di operare e altro ancora raccogliendo fondi.

Osserva e modifica il tuo approccio

È importante rivedere e modificare continuamente il tuo piano mentre fai crescere la tua azienda. Per massimizzare i tuoi profitti, dovresti tenere traccia degli indicatori di prestazione cruciali (KPI) come la crescita dei profitti, i costi di acquisizione dei clienti e i tassi di fidelizzazione dei clienti. Puoi assicurarti che la tua azienda si stia espandendo in modo sostenibile ed economico monitorando regolarmente le prestazioni e modificando il tuo piano.

Per garantire che la crescita sia economica e sostenibile, l'estensione di uno stabilimento implica una pianificazione e un procedimento rigorosi. Puoi navigare con successo nella crescita e nell'espansione e valutare la tua attività definendo le tue pretese e la tua visione aziendale, assemblando un solido plotone, sviluppando i tuoi processi aziendali, esercitando la tecnologia, estendendo la portata delle tue richieste, formando collegamenti strategici, raccogliendo capitali e affiancando e modificando la tua strategia . Per garantire che stai promuovendo una crescita sostenibile per la tua azienda, è fondamentale tenere a mente le tue pretese, analizzare i tuoi progressi e migliorare continuamente i tuoi stili.

Capitolo 14

Evitare le comuni insidie imprenditoriali

Il percorso imprenditoriale è entusiasmante e ricco di possibilità e difficoltà. In effetti, anche gli imprenditori più esperti possono commettere errori di calcolo a causa delle innumerevoli insidie della diligenza, nonostante l'eventualità di enormi benefici. In questa composizione parleremo di alcuni tipici problemi aziendali e di come risolverli.

Problemi di messa a fuoco

La mancanza di attenzione è uno degli errori di calcolo aziendali più tipici. Ciò potrebbe apparire in vari modi, come cercare di esplorare contemporaneamente troppe idee di business o dare priorità in modo inappropriato alle faccende domestiche. È fondamentale dare la priorità alle tue pretese e ai tuoi obiettivi e avere una visione chiara affinché la tua azienda possa sfuggire a questa trappola. Produci un piano strategico che spieghi le pretese della tua azienda e le azioni che devi

intraprendere per negoziarle. Delega o esternalizza i lavori che non sono fondamentali per il tuo core business in modo da poterti concentrare sulle ossa
Ciò avrà la maggiore influenza sulla tua azienda.

Mancata conferma della richiesta

La mancata convalida della richiesta è un'altra boob frequente
Numerosi imprenditori hanno idee brillanti ma spesso trascurano di testare tali idee con ospiti reali. È fondamentale eseguire l'esplorazione delle richieste prima di avviare il tuo stabilimento per comprendere la richiesta del tuo target, le sue richieste e la sua disponibilità a pagare per il tuo bene o servizio. Questo può aiutarti ad affinare la tua idea di business, individuare potenziali rivali e creare un piano di marketing che attiri il tuo pubblico di destinazione.

Timida operazione fiscale

Un'altra tipica trappola per imprenditori è una cattiva operazione plutocratica. È fondamentale mantenere registri fiscali adeguati e tenere sotto controllo i tuoi guadagni e le tue spese. Produci una strategia fiscale che descriva in dettaglio il tuo piano di spesa, le proiezioni di afflusso di cassa e gli obiettivi di profitto.

Per aiutarti a gestire le tue finanze e prendere sagge decisioni fiscali, pensa di lavorare con un contabile o un consulente fiscale.

Carenza di resilienza

Ci sono numerosi alti e bassi nel viaggio imprenditoriale. È fondamentale avere l'adattabilità e la capacità di riprendersi dai fallimenti se si vuole essere un imprenditore di successo. Quando sfidano difficoltà o fallimenti, numerosi imprenditori perdono la provocazione. Concentrati sullo stabilire l'adattabilità e una stazione di crescita per evitare di cadere in questa trappola. Continua a credere in ciò che fai per la tua azienda e ammetti che i fallimenti sono opportunità di crescita.

Una mancanza di funzionamento del tempo

Per gli imprenditori che vogliono essere produttivi e avere successo, le capacità di gestione del tempo sono fondamentali. Numerosi imprenditori hanno difficoltà a gestire il proprio tempo perché cercano di svolgere troppe attività contemporaneamente. Dai priorità ai tuoi doveri e gestisci bene il tuo tempo per evitare questa trappola. Per aiutarti a rimanere in pista e gestire con successo il tuo carico di lavoro, pensa all'utilizzo di strumenti di produttività come operazioni di time-shadowing o software per le operazioni di progettazione.

Mancanza di delega

Numerosi possessori di affari commettono l'errore di cercare di gestire tutto da soli. Delegare le responsabilità ad altri è vitale tanto quanto essere attivi e coinvolti nella tua attività. Assegnando lavori ad altri, puoi aumentare la produttività, concentrarti sui tuoi compiti primari nello stabilimento e incoraggiare le persone a imparare nuove abilità e ad assumersi la responsabilità del proprio lavoro. Per gestire il tuo carico di lavoro ed espandere la tua struttura, supponi di aggiungere personale, appaltare lavori o lavorare con liberi professionisti.

Non essere adattabile

Gli imprenditori che vogliono avere successo in un terreno di business in continua evoluzione devono essere adattabili. Numerosi titolari di attività commerciali si stabiliscono nei loro modi e non sono in grado di cambiare con i tempi o rispondere alle richieste di modifiche. Tieniti aggiornato sui movimenti delle richieste e preparati a modificare il tuo piano aziendale se necessario per evitare questa trappola. Per espandere la tua azienda, sii aperto a nuove generalità e minacce.

In conclusione, fare l'imprenditore è una strada delicata che richiede perseveranza, fatica e fedeltà. Evitare i tipici calcoli errati, tra cui mancanza di attenzione, mancata convalida della richiesta, cattiva operazione fiscale, mancanza di adattabilità, tempo di esecuzione timido, incapacità di delegare e mancanza di adattamento sono fondamentali per il successo come imprenditore.

Capitolo 15

Gestione delle tue finanze: budget, previsioni e flusso di cassa

Il percorso imprenditoriale è entusiasmante e ricco di possibilità e difficoltà. In effetti, anche gli imprenditori più esperti possono commettere errori di calcolo a causa delle innumerevoli insidie della diligenza, nonostante l'eventualità di enormi benefici. In questa composizione parleremo di alcuni tipici problemi aziendali e di come risolverli.

Problemi di messa a fuoco

La mancanza di attenzione è uno degli errori di calcolo aziendali più tipici. Ciò potrebbe apparire in vari modi, come cercare di esplorare contemporaneamente troppe idee di business o dare priorità in modo inappropriato alle faccende domestiche. È fondamentale dare la priorità alle tue pretese e ai tuoi obiettivi e avere una visione chiara affinché la tua azienda possa sfuggire a questa trappola. Produci un piano strategico che spieghi le pretese della tua azienda e le azioni che devi intraprendere per negoziarle. Concentrati sulle attività che avranno il maggiore impatto sulla tua attività e delega o esternalizza le attività che non sono essenziali per il tuo core business.

Mancata conferma della richiesta

La mancata convalida della richiesta è un'altra boob frequente

Numerosi imprenditori hanno idee brillanti ma spesso trascurano di testare tali idee con ospiti reali. È fondamentale eseguire l'esplorazione delle richieste prima di avviare il tuo stabilimento per comprendere la richiesta del tuo target, le sue richieste e la sua disponibilità a pagare per il tuo bene o servizio. Questo può aiutarti ad affinare la tua idea di business, individuare potenziali rivali e creare un piano di marketing che attiri il tuo pubblico di destinazione.

Timida operazione fiscale

Un'altra tipica trappola per imprenditori è una cattiva operazione plutocratica. È fondamentale mantenere registri fiscali adeguati e tenere sotto controllo i tuoi guadagni e le tue spese. Produci una strategia fiscale che descriva in dettaglio il tuo piano di spesa, le proiezioni di afflusso di cassa e gli obiettivi di profitto. Per aiutarti a gestire le tue finanze e prendere sagge decisioni fiscali, pensa di lavorare con un contabile o un consulente fiscale.

Non essere flessibile

Il viaggio dell'imprenditorialità è pieno di alti e bassi. Essere flessibili e in grado di riprendersi dagli errori sono competenze fondamentali per gli imprenditori. Di fronte a sfide o delusioni, numerosi imprenditori perdono la provocazione. Concentrati sull'avere una mentalità di crescita e adattabilità della struttura per evitare di cadere in questa trappola. Ciò significa che gli errori sono aperture per crescere e imparare e per mantenere un impegno per la visione della tua attività.

Una mancanza di funzionamento del tempo

Per gli imprenditori che vogliono essere produttivi e avere successo, le capacità di gestione del tempo sono fondamentali. Numerosi imprenditori hanno difficoltà a gestire il proprio tempo perché cercano di svolgere troppe attività contemporaneamente. Dai priorità ai tuoi doveri e gestisci bene il tuo tempo per evitare questa trappola. Per aiutarti a rimanere in pista e gestire con successo il tuo carico di lavoro, pensa all'utilizzo di strumenti di produttività come operazioni di time-shadowing o software per le operazioni di progettazione.

Mancanza di delega

Numerosi imprenditori commettono l'errore di cercare di gestire tutto da soli. Delegare le responsabilità ad altri è vitale tanto quanto essere attivi e coinvolti nella tua attività. Assegnando lavori ad altri, puoi aumentare la produttività, concentrarti sui tuoi compiti primari nello stabilimento e incoraggiare le persone ad apprendere nuove competenze e ad assumersi la responsabilità del proprio lavoro. Per gestire il tuo carico di lavoro ed espandere la tua struttura, pensa ad aggiungere personale, appaltare lavori o lavorare con liberi professionisti.

Non essere adattabile

Gli imprenditori che vogliono avere successo in un terreno di business in continua evoluzione devono essere adattabili. Numerosi imprenditori si sono impostati nei loro modi e non sono in grado di cambiare con i tempi o rispondere alle richieste di modifiche. Tieniti aggiornato sui movimenti delle richieste e preparati a modificare il tuo piano aziendale se necessario per evitare questa trappola. Per espandere la tua azienda, sii aperto a nuove generalità e minacce.

In conclusione, fare l'imprenditore è una strada delicata che richiede perseveranza, impegno e fedeltà. Evitare i tipici errori di calcolo, tra cui la mancanza di attenzione, la mancata convalida della richiesta, una cattiva operazione fiscale, una mancanza di adattabilità, un'operazione timida, l'incapacità di delegare e una mancanza di adattamento, è fondamentale per il successo come imprenditore.

Capitolo 16

Gestione efficace del tempo: Dare priorità e delegare compiti

Imprenditori e direttori aziendali devono essere direttori a tempo pieno. Potrebbe essere delicato gestire con successo il tuo tempo e negoziare le tue pretese professionali quando hai così tanti doveri e responsabilità da soddisfare. In questo post, esamineremo l'importanza di stabilire priorità e assegnare compiti ad altri come tattiche essenziali per una gestione efficace del tempo.

Mettere in ordine i compiti

Stabilire le priorità per il lavoro è uno dei fattori più importanti nella gestione efficace del tempo. Puoi concentrarti sui punteggi più importanti e dedicare il tuo tempo e le tue risorse di conseguenza dando priorità ai tuoi compiti. Quindi ci sono alcuni suggerimenti per impostare la precedenza per le tue attività.

Scegli le tue attività più importanti Inizia scegliendo le attività più importanti per raggiungere i tuoi obiettivi aziendali. Questi potrebbero comportare condizionamenti che aumentano la felicità del cliente, attirano nuovi ospiti o producono profitto.

Dopo aver determinato quali sono i compiti più importanti, ordinali in base al significato. Prendi in considerazione il tempo e le risorse necessarie per eseguire ogni attività, nonché il modo in cui può influire sugli obiettivi della tua attività.

Imposta le scadenze Dopo aver assegnato la priorità ai tuoi compiti; dare a ciascuno una scadenza specifica. Ciò assicurerà che tu rimanga responsabile e concentrato mentre vai avanti con i tuoi compiti più importanti.

Ultimo ma non meno importante, pianifica le tue attività in modo da poter utilizzare il tuo tempo e le tue casse nel modo più efficiente possibile. Quando pianifichi le attività, prendi in considerazione le tue situazioni energetiche e il tuo stile di lavoro e includi pause e riposo per evitare il collasso.

Dare compiti ad altri

Un altro modo essenziale per un funzionamento efficace del tempo è la delega. Puoi liberare tempo e concentrarti sui tuoi punteggi più importanti assegnando compiti ad altri. Quindi ci sono alcuni suggerimenti per assegnare in modo efficace le attività

Scegli Attività da assegnare Inizia scegliendo Attività che possono essere assegnate ad altri. Questi possono includere lavori che sono al di fuori della tua area di moxie, lavori che richiedono tempo ma insignificanti o effetti che possono essere completati in modo più efficace da altri.

Dopo aver deciso quali compiti assegnare, scegli le persone applicabili per ammetterli. Scegli i membri del plotone o i lavoratori più adatti ad assumere ogni incarico tenendo conto del loro carico di lavoro, esperienza e set di abilità.

Dare indicazioni specifiche quando si assegnano i lavori; dare indicazioni specifiche su ciò che deve essere fatto, come deve essere fatto ed eventuali scadenze o regole applicabili. Ciò garantirà che il lavoro venga svolto in modo efficace e mansueto.

Stabilire, infine, precise prospettive per l'incarico e il suo completamento. Ciò potrebbe includere date di scadenza, criteri di qualità e qualsiasi altra informazione materiale. Puoi garantire che l'incarico sia portato a termine in modo soddisfacente ed evitare qualsiasi fraintendimento o comunicazione errata impostando potenziali clienti chiari.

Vantaggi dell'impostazione della precedenza e della delega

Stabilire la precedenza e assegnare compiti ad altri sono modalità operative fondamentali che presentano numerosi vantaggi per i titolari e i direttori aziendali. Tra i numerosi vantaggi della definizione delle priorità e della delega sono inclusi i seguenti

Aumento della produttività Puoi aumentare la tua produttività e negoziare di più in minor tempo concentrandoti sui tuoi condizionamenti più importanti e assegnando altre responsabilità.

Riduzione dello stress e del burnout Affermando che non sei sovraccaricato dal tuo carico di lavoro, dare la priorità alle attività e assegnare le responsabilità può aiutare a ridurre lo stress e favorire il collasso.

Maggiore capacità decisionale Impostando la precedenza e assegnando compiti ad altri, puoi liberare spazio cerebrale e concentrarti su importanti attività decisionali, tra cui l'ideazione di strategie aziendali o l'opportunità di nuovi ospiti.

Maggiore impegno manuale Offrendo ai membri del tuo plotone la possibilità di affrontare nuove sfide e responsabilità, la delega dei compiti può aiutare ad aumentare l'impegno manuale.

Maggiore flessibilità È possibile aumentare la rigidità e l'inflessibilità, necessarie per gestire le condizioni di richiesta mutevole, delegando i compiti e dando priorità al carico di lavoro. Un'efficace gestione dell'orario attraverso la definizione delle priorità del lavoro e la delega delle responsabilità può anche influire su una migliore comunicazione, un migliore equilibrio tra lavoro e vita privata e una maggiore redditività oltre ai vantaggi sopra elencati.

Migliorare la comunicazione

Puoi migliorare la comunicazione all'interno del tuo plotone o associazione impostando la precedenza e assegnando compiti. Per assicurarsi che tutti siano sullo stesso corridore e lavorino per le stesse pretese, è essenziale una comunicazione chiara. Dare priorità al lavoro e assegnare compiti ti aiuta a interagire con i membri del tuo plotone in modo più efficace, fornendo istruzioni chiare e feedback per assicurarti che le attività vengano completate in modo rapido e preciso.

Equilibrio avanzato tra lavoro e vita privata

Un maggiore equilibrio tra lavoro e vita privata può anche influire su modalità operative efficaci in termini di tempo come la definizione delle priorità delle attività e la delega delle responsabilità. Puoi concedere a te stesso e alla tua vita particolare più tempo concentrandoti sui tuoi compiti più importanti e assegnando altri. Potresti evitare il collasso, migliorare il tuo benessere interno e, di conseguenza, diventare più produttivo sia nel tuo lavoro che nella tua vita particolare.

Redditività avanzata

L'aumento della redditività può essere ottenuto anche attraverso modalità di gestione del tempo efficaci come l'assegnazione di priorità al lavoro e l'assegnazione di compiti ad altri. Puoi assicurarti che la tua attività funzioni in modo semplice ed efficiente concentrandoti sui tuoi compiti più importanti e assegnando altri compiti. Ciò può favorire progressi nella riduzione dei costi, nella riduzione dei costi e nella soddisfazione del cliente, che possono portare a una redditività avanzata.

Difficoltà di priorità e delega

Sebbene stabilire la precedenza e assegnare compiti ad altri possa avere una serie di vantaggi, ci sono alcuni aspetti negativi da tenere in considerazione. Poi ci sono molte tipiche difficoltà e risultati

Fiducia Se non hai completa fiducia nei membri o nei lavoratori del tuo plotone, delegare compiti può essere delicato. Per ovviare a questo, supponi di offrire addestramento o supporto per dare ai membri del tuo plotone le capacità e la sicurezza di tono di cui hanno bisogno per portare a termine l'incarico con successo.

La delega del lavoro di microgestione può essere delicata se sei abituato a essere coinvolto direttamente in ogni elemento della tua associazione. Stabilisci in anticipo prospettive e regole chiare, offri feedback e supporto regolari per assicurarti che l'incarico sia svolto in modo soddisfacente ed evita la microgestione.

Restrizioni di tempo Può essere delicato dare una buona priorità ai lavori se hai una scadenza breve o molte casse. Per ovviare a questo, supponiamo di dividere i condizionamenti più grandi in parti più basse e più facili da gestire e di catalogare docilmente il tuo tempo e le tue casse.

Resistenza al cambiamento Delegare le responsabilità potrebbe essere un grande cambiamento se sei abituato a fare tutto da solo. Inizia in piccolo e assegna gradualmente i compiti per superare la resistenza al cambiamento. Ciò ti consentirà di aumentare la posizione di fiducia del tuo plotone e semplificare la delega dei compiti.

Conclusione

Imprenditori e amministratori di società devono dare la priorità al condizionamento e assegnare compiti ad altri per gestire efficacemente il proprio tempo. Puoi aumentare la tua produttività, ridurre lo stress e il collasso e migliorare la tua capacità di formulare opinioni dando la massima precedenza ai tuoi compiti più importanti e assegnando altri lavori. I vantaggi della definizione delle priorità e della delega ne fanno un'abilità fondamentale da acquisire per qualsiasi imprenditore o leader aziendale, nonostante le difficoltà che possono sorgere. Puoi sfruttare al massimo il tuo tempo e le tue casse, negoziare i tuoi obiettivi professionali e spingere la tua azienda al successo mettendo in pratica questi modi.

Capitolo 17

Equilibrio tra lavoro e vita privata: mantenere la salute e le relazioni

Imprenditori e dirigenti d'azienda devono trovare un sano equilibrio tra la loro vita personale e quella professionale. Può essere delicato trovare un equilibrio tra le esigenze del lavoro e una vita particolare, ma farlo è fondamentale per il successo a lungo termine, una vita sana e solide connessioni. Questo saggio esaminerà il significato dell'equilibrio tra lavoro e vita privata e fornirà alcuni suggerimenti per conservarlo.

La necessità di equilibrio tra lavoro e vita privata

L'equilibrio tra lavoro e vita privata è fondamentale per una serie di motivi, tra cui

Salute mentale È fondamentale per la tua salute interna mantenere un sano equilibrio tra lavoro e vita privata. Lo stress, l'ansia e il collasso possono derivare dal superamento o dalla trascuratezza della tua vita particolare. È fondamentale concedersi spazio per rilassarsi e ringiovanire.

La tua salute fisica può essere influenzata da uno scarso equilibrio tra lavoro e vita privata. Il superamento può causare stanchezza, mancanza di sonno e altri problemi di salute. Puoi mantenere una buona salute fisica trovando il tempo per l'esercizio, una dieta nutrizionale e una buona alimentazione.

Le connessioni che stabiliscono e mantengono solide connessioni richiedono un buon equilibrio tra lavoro e vita privata. Trascurare la tua vita particolare potrebbe danneggiare i tuoi legami con la famiglia e i moschettieri e farti sentire solo.

La produttività può aumentare mantenendo un sano equilibrio tra lavoro e vita privata, che ci porta al nostro punto finale. Puoi completare ulteriori attività in meno tempo quando sei ben riposato, carico e concentrato. A lungo termine, prenderti cura di te stesso e fare delle pause può aumentare la tua produttività.

Stili per conservare l'equilibrio tra lavoro e vita privata

Sebbene il mantenimento di un equilibrio tra lavoro e vita privata possa essere delicato, ci sono diversi stili che puoi utilizzare. Allora sono tanti i consigli

Dai priorità al tuo tempo Stabilire la precedenza per il tuo tempo è uno degli effetti più cruciali che puoi fare per mantenere un sano equilibrio tra lavoro e vita privata. Al lavoro, concentrati sui compiti più importanti e pianifica il tempo per la tua vita particolare. Proprio come faresti per le faccende legate al tuo lavoro, blocca il tempo per te stesso nel tuo programma.

Stabilire un limite che pone dei limiti tra la tua vita personale e quella professionale è inversamente fondamentale. Non utilizzare un tempo particolare per controllare le e-mail di lavoro o rispondere alle chiamate di lavoro. Sii trasparente nella tua comunicazione con il tuo plotone e il personale per quanto riguarda la tua vacuità e assenze.

Delega lavori puoi liberare tempo per la tua vita particolare assegnando lavori a membri del team o lavoratori. Collabora con il tuo plotone per identificare i lavori che possono essere assegnati e assicurati anche che dispongano delle conoscenze e degli strumenti necessari per eseguirli correttamente.

Fai delle pause Fare pause regolari può mantenerti pieno di energia e concentrato per tutta la giornata. Fai una passeggiata, prendi un caffè o trascorri del tempo in profondo studio o contemplazione. Puoi rinfrescare e ritrovare la concentrazione facendo queste pause.

Esercitati con il tono e la cura Il mantenimento di un sano equilibrio tra lavoro e vita privata richiede prove del tono e cura. L'esercizio fisico, una dieta equilibrata e pratiche antistress come lo yoga o la contemplazione possono rientrare in questo ordine. Non dimenticare di prenderti cura di te stesso e di impegnarti in un piacevole condizionamento.

Figura legami solidi mantenere un equilibrio tra lavoro e vita privata dipende dall'avere solidi legami con la famiglia e i moschettieri. Trova il tempo per il condizionamento sociale e un tentativo di mantenere i collegamenti con le individualità che sono significative nella tua vita.

Dire di no è un'abilità fondamentale per stabilire un sano equilibrio tra lavoro e vita privata. È rispettabile rifiutare ulteriori doveri o sistemi se ti senti troppo impegnato o se non avrai il tempo di completarli. Metti al primo posto i compiti più importanti e assegna anche gli altri.

Conclusione

I leader aziendali e gli imprenditori devono mantenere un equilibrio tra lavoro e vita privata. È fondamentale per le tue connessioni, produttività e cordialità interna e fisica. Puoi stabilire un sano equilibrio tra lavoro e vita privata e un successo a lungo termine sia nella tua vita personale che in quella professionale dando la priorità al tuo tempo, stabilendo limiti, delegando responsabilità, prendendo pause, provando la cura del tono, sviluppando connessioni forti e imparando a dire di no.

Stabilire pretese realistiche un'altra tattica fondamentale per preservare l'equilibrio tra lavoro e vita privata è stabilire pretese realistiche. Assicurati di prendere in considerazione sia la tua vita particolare che quella professionale mentre fai pretese. Determina ciò che conta di più per te e assicurati di dedicare del tempo a quelle priorità.

La tecnologia può aiutarti a gestire il tuo equilibrio tra lavoro e vita privata, ma può anche essere una distrazione. Usa la tecnologia con saggezza per evitarlo. Imposta limiti di tempo davanti allo schermo e impedisci di visualizzare e-mail o dispacci relativi al lavoro durante il tempo libero per fare buon uso della tecnologia.

Dormire a sufficienza è fondamentale per conservare un sano equilibrio tra lavoro e vita privata. Fatica, scarsa produttività e altri problemi di salute possono influire sul non dormire a sufficienza. Per rimanere riposati e carichi, cerca di dormire almeno 7-8 ore ogni notte.

Prendere pause regolari per mantenere un sano equilibrio tra lavoro e vita privata è necessario prendere pause regolari. In effetti, quando si avvia una nuova attività, si può essere tentati di lavorare ininterrottamente, ma fare delle pause è essenziale per ricaricarsi ed evitare il collasso. Pianifica pause regolari e usale per staccare dal lavoro e concentrarti sulla tua vita particolare.

Alla fine, chiedere il sostegno degli altri può aiutarti a mantenere un sano equilibrio tra lavoro e vita privata. Affronta le tue difficoltà con un familiare o un amico fidato, oppure supponi di prendere in considerazione l'idea di coinvolgere un trainer o un terapista. Mentre gestisci le difficoltà del tuo lavoro e della tua vita particolare, possono offrire supporto e direzione.

In conclusione, i leader aziendali e gli imprenditori devono mantenere un sano equilibrio tra lavoro e vita privata. Puoi raggiungere un sano equilibrio tra lavoro e vita privata e un successo a lungo termine sia nella tua vita particolare che in quella professionale dando priorità al tuo tempo, stabilendo limiti, delegando compiti, prendendo pause, provando la cura del tono, sviluppando connessioni forti, impostando pretese realistiche, usando la tecnologia saggiamente, dormire a sufficienza, prendersi una vacanza

Tempo e ricerca di supporto. È fondamentale tenere presente che il cambiamento dell'equilibrio tra lavoro e vita privata è un processo che richiede una revisione costante poiché la tua precedenza è come persona e come lavoratore che cambia nel tempo. Ma è possibile trovare un equilibrio soddisfacente e duraturo tra lavoro e vita particolare con le tattiche e il sostegno corretti.

Capitolo 18

Ridare:
Responsabilità sociale
d'impresa e filantropia

La filantropia e la responsabilità sociale commerciale (CSR) sono fattori significativi nella conduzione degli affari nel mondo ultramoderno. Le aziende possono avere un impatto salutare sulle loro comunità, sviluppare la fedeltà al marchio e attrarre i migliori talenti dando la priorità alla restituzione alla società e al terreno. Questa composizione metterà in evidenza i vantaggi della filantropia e della responsabilità sociale commerciale, nonché stili colorati per far rispettare queste idee nella tua azienda.

Beni positivi della filantropia e della responsabilità sociale commerciale La valorizzazione del carattere valorizzare il proprio carattere è uno dei principali vantaggi della RSI e della filantropia. Le aziende possono aumentare la fiducia e la fedeltà di clienti, dipendenti e parti interessate restituendo alle loro comunità. Le aziende possono distinguersi dai rivali e produrre un'immagine di marca favorevole mettendo in mostra un impegno per le questioni sociali e ambientali.

Maggiore coinvolgimento dei dipendenti Il maggiore coinvolgimento delle mani è un vantaggio della responsabilità sociale commerciale e della filantropia. Gli studi hanno dimostrato che quando le persone lavorano per uno stabilimento che valorizza le questioni sociali e ambientali, è più probabile che siano coinvolte e motivate. Le aziende possono dare ai propri dipendenti un senso dell'orientamento e un significato integrando RSI e beneficenza nelle loro pratiche commerciabili.

La fedeltà dei clienti è aumentata Le aziende che attribuiscono un'alta priorità alla CSR e alla beneficenza possono aumentare la fedeltà dei clienti. Le aziende che condividono le loro convinzioni e hanno un impatto salutare sulla società e sul terreno sono più propense ad ammettere il supporto del cliente. Le aziende possono stabilire connessioni durature con i propri ospiti abbinando i loro valori a quelli del loro pubblico di destinazione.

Le aziende che attribuiscono un'elevata priorità alla RSI e alla filantropia hanno anche maggiori probabilità di attrarre una forza lavoro eccellente. I lavoratori sono più inclini a desiderare di lavorare per un'associazione che dà la priorità alle questioni sociali e ambientali e ha pretese che vanno oltre il successo fiscale. Le aziende possono trattenere e mantenere i migliori talenti integrando CSR e beneficenza nelle loro pratiche commerciabili.

Modi di integrazione di CSR e filantropia per il tuo business

Identifica i tuoi valori La scelta dei tuoi valori è il primo passo per integrare CSR e beneficenza nella tua azienda. Quali questioni ambientali e sociali sono significative per te e per la tua attività? Una volta determinati i tuoi valori, puoi iniziare a produrre un piano d'azione per affrontare questi problemi.

Un ottimo modo per restituire alla tua comunità e avere un impatto positivo è quello di unirti ad associazioni senza scopo di lucro. Cerca ONG le cui pretese e valori siano analoghi ai tuoi e immagina come voi due potreste lavorare insieme su alcuni sistemi o eventi. Potresti anche supporre di donare una parte dei tuoi guadagni a un ente di beneficenza in cui credi.

Fai volontariato nella tua comunità Restituire qualcosa alla tua comunità e avere un impatto positivo su di essa sono entrambi possibili attraverso il volontariato. Incoraggia il tuo personale a partecipare alla comunità o ad aperture di servizi originali senza scopo di lucro e pensa a pianificare giorni di prelievo a livello aziendale.

Riduci la tua impronta ambientale Un altro elemento cardine della RSI è l'integrazione di pratiche commerciali sostenibili. Cerca misure per ridurre il tuo impatto sul terreno, simile all'applicazione di druthers per il trasporto verde

Riduzione dei rifiuti e utilizzo di fonti energetiche rinnovabili.

Sostenere la diversità e l'addizione un altro elemento cardine della RSI è sostenere la diversità e l'inclusione. Prendi in considerazione l'idea di sposare la diversità e la formazione aggiuntiva, formare gruppi di affinità e aiutare i gruppi di risorse manuali come strategie per promuovere una pianta più diversificata e inclusiva.

Incoraggia la donazione offrendo permessi retribuiti per il volontariato o donazioni corrispondenti ad associazioni senza scopo di lucro. Questo può mostrare la tua fedeltà alle questioni sociali e ambientali e aiutare la tua azienda a promuovere una cultura del dare.

Alla fine, l'aggiunta di CSR e filantropia nella tua azienda può avere un buon impatto sul tuo vicinato, aumentare la fedeltà dei clienti, aumentare il morale della mano, attrarre regali migliori e migliorare il tuo carattere. Puoi creare un'azienda più sostenibile e orientata ai costi definendo i tuoi principi, unendoti alle organizzazioni non profit, facendo volontariato nella tua comunità, riducendo l'impatto ambientale, promuovendo la diversità e l'addizione e incoraggiando i benefici delle mani. Tieni presente che aiutare gli altri non è solo la cosa etica da fare, ma può anche avere un impatto positivo a lungo termine sulle tue finanze.

Di seguito vengono forniti nuovi suggerimenti per integrare RSI e beneficenza nella tua azienda, rendi la tua catena di forza socialmente e ambientalmente responsabile tenendo conto di questi fattori. Lavora con fornitori che attribuiscono un'elevata priorità a pratiche etiche e sostenibili e supponi di stabilire programmi e linee guida per i tuoi fornitori per assicurarti che si attengano alle tue norme ambientali e sociali.

Misura e segnala il tuo impatto Monitorare il tuo sviluppo e informare le parti interessate dei tuoi risultati può essere reso più semplice misurando e riportando il tuo impatto sociale e ambientale. Per coprire il tuo successo, supponi di utilizzare misure come l'emigrazione del carbonio, la riduzione dei rifiuti e l'effetto sulla comunità.

Integrare CSR e filantropia nella cultura della tua azienda Dare al tuo personale un senso e uno scopo può essere raggiunto integrando CSR e beneficenza nella tua cultura commerciale. Prendi in considerazione l'idea di organizzare condizionamenti o sistemi a livello aziendale che riflettano i tuoi valori ed esprimano costantemente il tuo sostegno a cause sociali e ambientali.

Essere trasparenti e autentici È fondamentale essere trasparenti e autentici quando si integrano CSR e filantropia nella propria attività. Non

partecipare semplicemente a questi condizionamenti per migliorare il tuo carattere. Crea un problema sincero per affrontare le sfide sociali e ambientali e sii onesto e aperto quando descrivi le tue convinzioni e risultati
ai tuoi stakeholder.

Puoi creare un'azienda più flessibile e basata sui costi applicando queste tattiche nella tua azienda. Non dimenticare che aiutare gli altri non è solo la cosa morale da fare, ma può anche essere redditizio per la tua azienda a lungo termine. Puoi sviluppare una base di clienti devoti, noviziare un grande dono e avere un'influenza salutare sul tuo vicinato e sul mondo dando la precedenza alle questioni sociali e ambientali.

Capitolo 19

Prepararsi per il futuro: costruire la tua strategia di uscita

Gli imprenditori devono considerare il futuro della loro azienda; compreso come e quando vogliono partire. Che tu stia andando in pensione, avviando una nuova attività o semplicemente desideri incassare, lo sviluppo di una strategia di uscita può aiutarti a garantire una transizione graduale quando arriva il momento di lasciare la tua azienda. Questa composizione esaminerà i rudimenti essenziali per creare una strategia di uscita di successo.

Stabilire le tue pretese è la prima fase nello sviluppo di una strategia di uscita. Stai cercando di aumentare il valore della tua azienda? Ti preoccupi per il futuro della tua attività? Dai la priorità al sostegno della tua famiglia? Definendo le tue pretese, puoi scegliere la linea d'azione più elegante per la tua strategia di partenza.

Identificare le strategie implicite di partenza Ci sono diverse strategie implicite di partenza da prendere in considerazione, come vendere la tua azienda a terzi, dare azioni ai lavoratori o ai membri della famiglia o quotarsi in borsa. Considera quale sistema si adatta meglio ai tuoi oggetti perché ognuno ha vantaggi e svantaggi propri.

Stabilisci il valore della tua azienda Devi accertare il valore della tua azienda per prepararti a un'uscita di successo. Ciò può essere ottenuto eseguendo un'analisi di valutazione, che prenderà in considerazione rudimenti come la performance finanziaria del tuo stabilimento, le tendenze delle richieste e le tendenze dell'assiduità.

Prepara il tuo locale per il commercio Se hai intenzione di vendere il tuo locale, è fondamentale farlo il prima possibile. Ciò può migliorare la tua rendicontazione fiscale, ottimizzare i tuoi processi aziendali ed espandere la tua clientela. Per aiutarti a navigare nel processo di negoziazione, potresti anche pensare di assumere un broker o un avvocato.

Produrre un piano di gara È fondamentale produrre un piano di gara se si intende cedere il potere della propria azienda a familiari o lavoratori. Ciò dovrebbe comportare la scelta di riserve adeguate, la preparazione ad assumersi le proprie responsabilità e la fissazione di una scadenza per il trasferimento del potere.

Proteggi la tua attività È fondamentale proteggere la tua azienda da insidie implicite mentre ti prepari ad andare in pensione. Per assicurarti che i tuoi interessi siano tutelati, ciò potrebbe comportare la revisione dei tuoi documenti legali, come il patto parasociale o il contratto operativo. Inoltre, potresti pensare di ottenere un'assicurazione per proteggerti da eventuali responsabilità.

Ultimo ma non meno importante, è fondamentale lasciare che le parti interessate cruciali; inclusi lavoratori, ospiti e investitori, conosci le tue strategie di partenza. Ciò garantirà una transizione agevole e ridurrà eventuali dislocazioni aziendali.

Questo ti aiuterà a produrre una strategia di uscita che ti aiuterà a negoziare i tuoi obiettivi e a garantire una transizione graduale quando arriva il momento di vendere la tua attività. Considera ora la tua strategia di partenza perché non è mai troppo presto per iniziare a pianificare il futuro.

Di seguito vengono fornite nuove informazioni su ciascuno dei processi coinvolti nella creazione di una strategia di uscita di successo.

La linea d'azione ottimale per la tua strategia di uscita sarà determinata dalla facilità con cui definisci le tue pretese. Ad esempio, se desideri massimizzare il valore della tua azienda, potresti concentrarti sul miglioramento delle tue prestazioni fiscali e sull'espansione della tua clientela. Trovare un acquirente che condivida le tue convinzioni e la tua visione per l'istituzione potrebbe essere il tuo obiettivo principale se sei arrabbiato per l'eredità della tua associazione. Potresti pensare di dare a un membro della tua famiglia il potere dell'azienda se sei preoccupato per l'arredamento della tua famiglia.

Identificare i possibili stili di uscita Ci sono diversi possibili stili di uscita da prendere in considerazione, ciascuno con vantaggi e svantaggi propri. Un piano di uscita popolare è vendere la tua azienda a terzi poiché puoi ottenere un buon ritorno sull'investimento. Un'altra scelta è quella di dare ai familiari o ai membri del personale il potere dell'azienda, che può contribuire a garantirne la redditività a lungo termine. Sebbene diventare pubblici sia una scelta più complicata, potrebbe darti accesso a meno sostegno e attenzione.

Stabilisci il valore della tua azienda Devi accertare il valore della tua azienda per prepararti a un'uscita di successo. Ciò può essere ottenuto eseguendo un'analisi di valutazione, che prenderà in considerazione rudimenti come la performance finanziaria del tuo stabilimento, le tendenze delle richieste e le tendenze dell'assiduità. Una buona valutazione può aiutare a garantire che tu venga pagato un prezzo equo per la tua azienda.

Prepara il tuo locale per il commercio Se hai intenzione di vendere il tuo locale, è fondamentale farlo il prima possibile. Ciò può includere il miglioramento della rendicontazione fiscale, l'ottimizzazione dei processi aziendali e l'espansione della clientela. Per aiutarti a navigare nel processo delle offerte, potresti anche voler supporre di assumere un broker o un consulente. È fondamentale essere aperti e onesti con i potenziali ospiti riguardo ai vantaggi e agli svantaggi della tua azienda.

Produrre un piano di gara È fondamentale produrre un piano aziendale se si intende cedere il potere della propria azienda a familiari o lavoratori. Ciò dovrebbe comportare la scelta di riserve adeguate, la preparazione ad assumersi le proprie responsabilità e la fissazione di una scadenza per il trasferimento del potere. Per garantire un trasferimento di potere impeccabile, potresti anche pensare di creare un accordo di vendita rubata.

Proteggi la tua attività È fondamentale proteggere la tua azienda da insidie implicite mentre ti prepari ad andare in pensione. Per assicurarti che i tuoi interessi siano tutelati, ciò potrebbe comportare la revisione dei tuoi documenti legali, come il patto parasociale o il contratto operativo. Inoltre, potresti pensare di ottenere un'assicurazione per proteggerti da eventuali responsabilità.

Ultimo ma non meno importante, è fondamentale lasciare che le parti interessate cruciali; inclusi lavoratori, ospiti e investitori, conosci le tue strategie di partenza. Ciò garantirà una transizione agevole e ridurrà eventuali dislocazioni aziendali. È fondamentale essere aperti e sinceri riguardo alle proprie pretese e condividere quante più informazioni importanti possibili sul futuro dell'azienda.

Ci vogliono tempo e lavoro per sviluppare una strategia di uscita efficace, ma farlo è fondamentale per il successo a lungo termine della tua azienda. Puoi contribuire a garantire una transizione senza intoppi quando è il momento di lasciare la tua attività definendo le tue pretese, mettendo in relazione strategie di uscita implicite, calcolando il valore della tua azienda, preparando la tua attività per il commercio, sviluppando un piano di gara, proteggendo la tua attività e comunicando i tuoi piani a stakeholder cruciali.

Capitolo 20

Lezioni apprese: riflessioni e approfondimenti da imprenditori di successo

Per aspiranti e attuali imprenditori, imparare dagli errori di calcolo e dai successi dei grandi imprenditori può essere una fonte inestimabile di conoscenza. Poi ci sono alcune conformità e consigli di ricchi uomini d'affari

La continuità paga: la continuità è uno dei tratti più attuali tra gli uomini d'affari di successo. Di fronte a ostacoli o fallimenti, non si arrendono; piuttosto, continuano ad andare avanti. Ad esempio, Elon Musk, il creatore di SpaceX e Tesla, ha subito innumerevoli errori di calcolo e perdite prima di raggiungere il successo con queste attività.

Accettare il fallimento Mentre è comune percepire il fallimento come una cosa negativa, gli uomini d'affari di successo lo vedono come un'occasione per migliorare. Capiscono che il fallimento è una parte normale del percorso aziendale e lo usano come trampolino di lancio verso il successo imminente. Il creatore di Amazon, Jeff Bezos, ad esempio, ha affermato che "il fallimento e l'invenzione sono metà spesse".

Gli uomini d'affari di successo si impegnano molto per risolvere i problemi e soddisfare le richieste dei loro ospiti. Rilevano problemi e producono rimedi originali per risolverli. A titolo di esempio, Sara Blakely, la creatrice di Spanx, ha fondato la sua attività a seguito di un problema a cui le donne assistono costantemente con indumenti intimi convenzionali.

Figura Forti brigate Gli uomini d'affari di successo si rendono conto che non possono gestire tutto da soli, quindi si circondano di forti brigate. Lavorano insieme per negoziare i loro obiettivi dopo aver assunto persone brillanti con capacità reciproche. Nelle parole di Mark Zuckerberg, il creatore di Facebook, "La cosa più importante che gli imprenditori dovrebbero fare è scegliere brave persone con cui lavorare".

Mantieni la tua inflessibilità Gli uomini d'affari di successo sono pronti ad acclimatarsi e cambiare rotta quando necessario. Adeguano la loro strategia perché il terreno degli affari è in continua evoluzione. L'autore di Alibaba, Jack Ma, ad esempio, in precedenza ha osservato: "Dovresti imparare dal tuo rivale, ma non sono indistinguibili. Copiare è la morte.

Cogli i rischi con cautela mentre gli uomini d'affari di successo sono disposti a correre dei rischi, lo fanno con cautela. Prima di fare una scelta, soppesano le insidie ei prezzi l'uno rispetto all'altro. Ad esempio, quando Steve Jobs, il co-fondatore di Apple, ha scelto di produrre l'iPhone, ha preso una minaccia, ma ha ripagato senza riserve.

Rimani concentrato Gli uomini d'affari di successo evitano di essere distratti da oggetti attraenti o guadagni veloci rimanendo concentrati sui loro oggetti. Hanno un'idea chiara di dove vogliono andare e rimangono sposati. Bill Gates, co-fondatore di Microsoft, ha affermato in precedenza: "Va bene celebrare il successo, ma è più importante ascoltare le lezioni del fallimento".

Alfabetizzazione continua Gli uomini d'affari di successo sono preoccupati per la loro ignoranza e cercano faticosamente nuove informazioni e strategie. Per aumentare le loro conoscenze e affinare le loro inclinazioni, leggono, partecipano a conferenze e cercano tutoraggio. A titolo di esempio, il magnate dei media Napoleon Oprah Winfrey ha affermato in precedenza che "l'istruzione è la chiave per scatenare il mondo, un passaporto per la libertà".

Mantieni la tua passione Gli uomini d'affari di successo sono entusiasti di ciò che fanno e credono fermamente nel valore dei beni o dei servizi che offrono. Si impegnano ad avere un impatto positivo sul mondo e sono motivati da uno scopo. Secondo l'autore del Virgin Group Richard Branson, "Se sei appassionato e agitato per una merce, è più probabile che tu dedichi tempo e fatica per renderlo un successo".

In conclusione, acquisire conoscenze da grandi uomini d'affari può offrire consigli e incarichi perspicaci che possono indirizzare il tuo viaggio imprenditoriale. I tratti degli imprenditori di successo possono fungere da road map per portare il successo nell'azienda e nella vita, dalla perseveranza e dall'accettazione del fallimento all'attaccamento alla risoluzione dei problemi e allo sviluppo di forti brigate.

www.ingramcontent.com/pod-product-compliance
Lightning Source LLC
Chambersburg PA
CBHW070946260726
48661CB00003B/1156